HELENA IGNEZ

ATRIZ EXPERIMENTAL

SERVIÇO SOCIAL DO COMÉRCIO
Administração Regional no Estado de São Paulo

Presidente do Conselho Regional
Abram Szajman
Diretor Regional
Danilo Santos de Miranda

Conselho Editorial
Ivan Giannini
Joel Naimayer Padula
Luiz Deoclécio Massaro Galina
Sérgio José Battistelli

Edições Sesc São Paulo
Gerente Iã Paulo Ribeiro
Gerente adjunta Isabel M. M. Alexandre
Coordenação editorial Cristianne Lameirinha, Clívia Ramiro, Francis Manzoni
Produção editorial Antonio Carlos Vilela
Coordenação gráfica Katia Verissimo
Produção gráfica Fabio Pinotti
Coordenação de comunicação Bruna Zarnoviec Daniel

PEDRO GUIMARÃES & SANDRO DE OLIVEIRA

HELENA IGNEZ

ATRIZ EXPERIMENTAL

© Pedro Guimarães e Sandro de Oliveira, 2021
© Edições Sesc São Paulo, 2021
Todos os direitos reservados

Preparação Elen Durando
Revisão Sílvia Balderama Nara, Sandra Kato/Tulio Kawata
Projeto gráfico, capa e diagramação Homem de Melo & Troia Design
Imagem da capa fotograma de *A família do barulho*, de Júlio Bressane.

A pesquisa que deu origem a este livro teve apoio da Fapesp e da Capes.

Dados Internacionais de Catalogação na Publicação (CIP)

G9473   Guimarães, Pedro

Helena Ignez: atriz experimental / Pedro Guimarães; Sandro de Oliveira. – São Paulo: Edições Sesc São Paulo, 2021.

232 p. il.: fotografias.

Referências

ISBN 978-65-86111-44-6

1. História e estética do cinema. 2. Cinema Marginal. 3. Cinema experimental. 4. Helena Ignez. 5. Estudos atorais. 6. Cinema brasileiro. 7. Análise fílmica. I. Título. II. Subtítulo. III. Ignez, Helena. IV. Oliveira, Sandro de.

CDD 791.4

Edições Sesc São Paulo
Rua Serra da Bocaina, 570 – 11º andar
03174-000 – São Paulo SP Brasil
Tel.: 55 11 2607-9400
edicoes@sescsp.org.br
sescsp.org.br/edicoes
🅵 🆈 🅾 ▶ /edicoessescsp

Sumário

18 Apresentação
Danilo Santos de Miranda

20 Prefácio
Ismail Xavier

28 Introdução **A liberdade de uma atriz**

42 **1. O ator moderno do cinema brasileiro**

54 **2. O ator experimental**

108 **3. As figuras essenciais de jogo de Helena Ignez**

199 Considerações finais

221 Referências

230 Agradecimentos

231 Sobre os autores

Apresentação

Memórias experimentais

Das memórias construídas ao longo de uma vida, imprimem-se fortemente aquelas relacionadas às emoções. Condutora de comportamentos, ações e reações, a capacidade de sentir move a humanidade desde sua existência, provocando desejos, instigando a busca pelo desconhecido e proporcionando conhecimentos e aprendizados. Pertencentes que somos a um corpo tátil e sensível, cada qual com suas particularidades e idiossincrasias, somos expostos cotidianamente a uma série incalculável de estímulos em corpos capazes de desencadear, por meio de pensamentos e lembranças, diferentes sensações físicas: da angústia ao prazer, da alegria à frustração, da satisfação à inquietude. São momentos que revelam intrínsecas articulações entre as realidades experimentadas pelos indivíduos.

Na imbricação dessas complexas realidades, vividas ou imaginadas, a arte tem solo fértil para se desenvolver. E o faz especialmente pelos artistas, cujas apreensões e percepções de mundo, uma vez expressas, têm o potencial de nos reportar ao intangível. Por meio do teatro, da literatura, das artes visuais e demais linguagens artísticas somos convidados a experienciar novas subjetividades, situação essa que permite nossa aproximação a perspectivas ampliadas, renovando nosso repertório sociocultural e humano.

Entre elas, está o cinema. E é de sua seara que emerge e se inscreve a atriz e cineasta brasileira Helena Ignez, em estilo próprio, de vanguarda e em diálogo com marcos da cultura nacional: o Cinema Novo, junto ao diretor Glauber Rocha, e o Cinema Marginal, junto aos diretores Júlio Bressane e Rogério Sganzerla, parceiros de criação e de afeto.

Em *Helena Ignez, atriz experimental*, escrito por Pedro Guimarães e Sandro de Oliveira e, originalmente, publicado em francês, somos convidados a conhecer a trajetória dessa atriz-autora que, atenta a seu tempo e com olhos e lentes para além do horizonte, tem sua marca calcada na liberdade de escolher permanecer ou romper com os cânones, se isso melhor lhe serve ao ofício de atuar.

Dessa forma, o Sesc contribui na difusão de conhecimentos, em diferentes formatos, entendendo que tão importante quanto fruir obras artísticas é o registro de suas existências e processos, respeitando histórias e reconhecendo a participação dos envolvidos na construção de identidades culturais.

Fica o convite à leitura!

Danilo Santos de Miranda
Diretor do Sesc São Paulo

Prefácio

Ismail Xavier

O leitor tem diante de si um livro extraordinário, no sentido da qualidade e do pioneirismo ao revigorar uma linha de reflexão e análise dedicada ao trabalho de atrizes e atores no cinema brasileiro, sendo inaugural na sua atenção às inovações trazidas por Helena Ignez em sua parceria com Rogério Sganzerla e Júlio Bressane na produção da Belair, a partir de 1970.

É pioneira a sua contribuição para o estudo do ator ou da atriz como integrante da forma fílmica, em especial nos estudos do cinema experimental, um aspecto que, como observam os autores, tende a ser negligenciado. E é notável a abrangência e a alta qualidade da pesquisa realizada para a preparação e escrita deste livro de Pedro Guimarães e Sandro de Oliveira, que teve sua primeira publicação na França e, agora, graças à iniciativa das Edições Sesc, chega ao leitor brasileiro.

Esta reflexão sobre o percurso de Helena Ignez reúne a precisão conceitual à clareza de exposição num estilo vivo e de enorme fluência. E a originalidade do tema e de sua abordagem são qualidades que vêm realçar o seu valor. Este livro responde a uma forte demanda nas pesquisas do cinema, do teatro e da performance; uma notável contribuição para os estudos da cultura brasileira.

A análise aqui desenvolvida se dedica a um processo de criação muito especial que, pela riqueza de práticas e estratégias de atuação desenvolvidas pela atriz, permite uma ampla caracterização de métodos de trabalho do cinema moderno, com ênfase na sua vertente experimental, dada a variedade de estilos encontrada ao longo da carreira de Helena, conforme os diferentes momentos do cinema brasileiro. O livro se concentra no momento de sua carreira em que, na produtora Belair, criada por Júlio Bressane, Rogério Sganzerla e a própria Helena, ela se aprimorou na condição de atriz coautora dos filmes, pelas invenções em sua performance dentro de um cinema experimental por excelência — o "Cinema Marginal", conforme denominado nos anos 1970-80, ou "cinema de invenção", expressão criada pelo crítico Jairo Ferreira.

Para situar o foco do estudo desenvolvido no livro, há de início o comentário sobre a formação de Helena Ignez, desde o curso na Escola de Teatro da Universidade Federal da Bahia, num período em que essa escola e a UFBA se destacaram no cenário brasileiro como um centro formador de alta qualidade; seus primeiros anos de performances em peças de teatro, até sua estreia no cinema no notável curta-metragem experimental *Pátio*, primeiro filme de Glauber Rocha, realizado em 1959. Em seguida, trabalha em *A grande feira* (Roberto Pires, 1961). Casada com Glauber nesse período, dele se separa, indo para o Rio de Janeiro e deixando na Bahia a memória de sua figura desde cedo independente e libertária.

No Rio de Janeiro, sua primeira atuação se dá em *Assalto ao trem pagador* (Roberto Farias, 1962), um *thriller* de sucesso. No período 1965-67, seus mais importantes trabalhos foram o papel da "moça" do interior de Minas Gerais em *O padre e a moça* (Joaquim Pedro de Andrade, 1965), quando já se configurou seu grande talento na forma de interpretar seus papéis dramáticos no estilo do Cinema Novo, e o papel da jovem que se torna a obsessão do protagonista de *Cara a cara* (Júlio Bressane, 1967), filme inscrito na constelação do cinema moderno logo antes da passagem do cineasta para um experimentalismo mais radical. Estes foram momentos em que, como explicam Pedro e Sandro, ela já revelava sua capacidade de criação particular na lida com uma *mise-en-scène* feita de silêncios e de contenção, com fortes momentos em que se destacava como grande atriz.

Em 1968, *O bandido da luz vermelha*, filme de Rogério Sganzerla, dá início a uma nova fase, que ganhará formas mais variadas no período Belair, em que Júlio e Rogério lhe dão maior liberdade para expandir sua personalidade de performer que, na sua forma de presença na tela, ganhará variantes mais inventivas analisadas na parte central do livro, concentrada no período em que Helena desenvolveu as suas criações como "atriz-autora". Em 1969, Rogério participou do Festival de Brasília com *A mulher de todos* e Júlio com *O anjo nasceu*, havendo também na ocasião a exibição de seu filme *Matou a família e foi ao cinema*, os dois longas-metragens que ele realizara simultaneamente e que constituem marcos do cinema experimental brasileiro. A partir desse festival, Rogério se instala no Rio de Janeiro e, em 1970, os dois cineastas inauguram a produtora Belair, com Helena Ignez, num momento do cinema brasileiro em que inovações e um estilo explosivo foram parte de uma estreita ligação entre arte e vida, como observou Carlos Reichenbach, citado no livro.

A postura autoral de Helena foi gerada pela sua invenção de um estilo pleno de formas transgressivas em face do cinema mais convencional, na relação com a câmera e na forma de assumir seu corpo, seus gestos e falas como presença para além da representação de uma personagem. Ou seja, como corpo que interage com a câmera, dando ciência da presença desta no espaço da cena, seja em ambiente fechado, seja nas ruas, quando há a ruptura da fronteira entre a ação das personagens e a ação de pessoas estranhas ao filme que são incluídas, não como extras devidamente instruídos, mas como performers à revelia ou não, que se tornam cúmplices ou permanecem hostis, o que complica mais o jogo enquanto gera situações muito expressivas que, como se poderia esperar, dependem da atuação do ator ou da atriz, em situação difícil na qual Helena mostrou seu talento e poder de improvisação. Nessas filmagens em logradouros e nas ruas repletas de gente, não deixou de haver zonas de risco e potencial confronto, inclusive na relação com forças repressivas "nos tempos em que a liberdade era uma luz opaca no fim do túnel", como bem observam os autores.

Essa é uma das denominadas "figuras essenciais do jogo de Helena", conforme os autores do livro as definem. O livro as elenca e analisa em detalhe, tal como o faz no caso das outras figuras que compõem as suas formas de criação no plano da gestualidade e das atitudes de ruptura com os protocolos da ficção cinematográfica. Fez valer sua liberdade improvisando, compondo com a câmera um dueto coreográfico, abrindo outros canais de comunicação com a plateia, parodiando estilos de interpretação, como o das chanchadas, e ajustando a direção de seu trabalho criativo com a proposta estética de cada filme. Em outros termos, agindo como atriz-autora, pois não interpreta uma personagem seguindo uma orientação, mas inventa a sua performance — que se faz um aspecto essencial da criação do filme. Ela atuou nessa fronteira com desenvoltura, de filme a filme, de modo a criar a figura pública — a *persona* — que não é a pessoa nem as personagens que interpreta, mas um amálgama de tudo isso, força de um estilo que se reitera a cada filme e compõe sua imagem pública, incluídas as matérias sobre ela na imprensa.

Ao expor e analisar o percurso da atriz, o texto impressiona pelo rico aparato conceitual que mobiliza com total pertinência na caracterização das opções e formas de Helena inventar e conduzir sua performance criadora, que sublinhou a sua sintonia com as propostas estéticas desse cinema que recusou a linguagem e os métodos de criação do cinema industrial e de maior presença no mercado. Se era preciso inventar novas formas de filmar e montar, era também imperativo inventar as suas performances dentro do mesmo espírito inovador do conjunto do filme.

A análise de cada fase de seu trabalho mobiliza quadros conceituais distintos, e os autores estabelecem com rigor as afinidades entre as criações de Helena e as propostas de autores fundamentais na teoria do teatro e na inovação da *mise-en-scène*, como:

(1) Antonin Artaud e seu "teatro da crueldade" ritualístico e aberto à experiência do transe, tal como vemos Helena em suas criações, não esquecendo os lances de exposição radical do corpo e os de exposição de substâncias corporais, vômitos e figurações (auto)destrutivas.

(2) V. E. Meyerhold e sua "biomecânica do gesto", com quem Eisenstein muito aprendeu na condição de seu cenógrafo e discípulo no momento em que escreveu para a encenação teatral o seu manifesto "Montagem de atrações", essencial depois para seu cinema.

(3) Charles Chaplin em *Tempos modernos* (1936), pela sua forma de parodiar a mecanização do gesto do operário.

(4) Jean-Luc Godard e suas inovações inspiradoras.

(5) O Living Theater e suas performances com forte conexão arte-vida, de grande impacto na época.

Essas experiências de vanguarda no palco e na comédia burlesca se ajustaram muito bem ao cinema experimental, na variedade de suas formas, o que está ligado ao importante diálogo havido naquele período entre as várias artes de um Brasil em sintonia com o mundo.

Dentro desse movimento de propostas e criações de caráter experimental, o cinema presente neste livro compreende o riquíssimo momento da cultura brasileira que, seja ou não em diálogo com propostas que se expandiram pelo mundo, teve um período pleno de novas propostas estéticas e invenções no campo da música popular (com maior incidência do tropicalismo, dado o momento 1967-69 que marcou seu extraordinário impacto na cultura), do teatro (encenações do Teatro Oficina em sua fase oswaldiana-antropofágica) que respondeu a *Terra em transe* (Glauber Rocha, 1967); e das artes visuais, havendo neste livro o destaque para as criações de Hélio Oiticica (lembremos da instalação *Tropicália* em maio de 1967 e dos parangolés) e Lygia Clark, cujos experimentos com o corpo, já como autênticas performances conectadas à arte visual. Os desdobramentos de toda essa liberdade de criação foram os filmes experimentais de que Bressane e Sganzerla foram os principais autores. Toda essa movimentação nos dá a referência para balizar o diálogo de Helena e seus diretores nessa experiência de vanguarda. Concepção e execução foram enriquecidas com a atriz transformada em autora de mesmo direito que seus parceiros.

Valeu nessa reinvenção sua desenvoltura na autoexposição como atriz consciente de suas estilizações e dotada de uma ironia própria à artista que desempenha um papel e sinaliza para o espectador sua autoconsciência ao fazê-lo, de modo a criar as "figuras essenciais" do jogo que foi criando em suas performances. Um processo aberto de inovações que, de filme em filme, foi colocando seu repertório de estilizações gestuais e entonações na voz entre "aspas", como citações de si própria, notadamente quando assume a chamada "reflexividade" bem própria às obras de arte modernas para que, tal como observam os autores, os "processos simbólicos do momento de criação transpareçam na forma final da obra". Ou seja, as obras e seus autores explicitam sua total consciência dos processos em jogo, numa fórmula que inclui a paródia, mas vai muito além dela, sendo mais ampla na forma e no seu efeito.

A descrição e interpretação do conjunto das "figuras essenciais do jogo de Helena Ignez" constitui o corpo central deste livro, compondo um amplo repertório exposto de forma rigorosa, de modo a caracterizar o *modus operandi* de cada uma delas com muita acuidade de observação e análise. Trata-se de um movimento de observação dos detalhes, como é próprio às análises de estilo, um mergulho não apenas nos traços formais expostos na imagem e no som — a gestualidade, a empostação da voz, as expressões do rosto conectadas às atitudes das personagens diante das situações — mas também no que está implicado nessas "atitudes". Ou seja, como aquela figura do jogo de Helena em tal circunstância se relaciona com a situação vivida pela personagem, de modo a subverter expectativas e ajustar a sua atuação à proposta do filme, num estilo afinado a propostas de teatro experimental e à *performance art*, como já observado.

Em suma, ela fez de sua condição um campo de invenção que, assumindo distintos modos e estilos de interpretação ajustados à proposta de cada filme, tornou-se um eixo fundamental de criação dessas obras pela sua forma de ser e atuar diante da câmera. Uma liberdade que ela assumiu para compor um *modus operandi* em que seu improviso desenvolto e ousado se aloja no centro mesmo desse processo, que confere à obra sua personalidade e estilo. Em suma, ela se afirmou como atriz-autora, o que é muito bem evidenciado no livro.

Feita a análise da performance de Helena nos filmes da Belair, os autores observam, com razão, que ela se consagrou como a mais talentosa e criativa dentre os atores e atrizes que assumiram o desafio da reinvenção do seu papel na criação de um filme, dada a sua notável riqueza na invenção de um estilo próprio de responder com criatividade muito pessoal aos desafios do tipo de cinema em que estava engajada.

Em sua parte final — "Outras Helenas" — o livro inclui um capítulo em que há o comentário sugestivo sobre sua atuação em vários filmes, antes e depois do período Belair, com comentários sobre suas performances que envolvem observações mais específicas dos filmes já aqui citados e de outros em que ela atuou nos anos 1960. Em *A grande feira*, feito na Bahia, vale a observação sobre a sua atuação competente como figura sensual em obra de tintura melodramática, com destaque para a cena diante do espelho em que, ao toque emocional próprio do gênero, se mesclou um olhar direto ao espectador. Retorna o comentário à sua atuação em *O padre e a moça* (Joaquim Pedro de Andrade, 1966), onde compôs a moça oprimida, calada e triste que, ao final, tem seu momento de ruptura no lance de amor proibido com o padre da cidade. Um drama realista no qual Pedro e Sandro destacam seu excelente desempenho, com seu *underacting* de tintura naturalista. Outra vertente de atuação foram os casos em que ela atuou como o tipo "mulher sensual", arrivista, abusando da aparência como trampolim: *O assalto ao trem pagador* e *Os marginais* (Moisés Kendler e Carlos Alberto Prates Correa, 1968).

Destaque é dado à sua atuação em *Cara a cara*, em que sua personagem prima pela falta de ação, e traz uma discrição inexpressiva numa existência quase vazia, aprisionada na futilidade de sua vida. Vale neste momento do texto o paralelo com seu desempenho em *O padre e a moça*.

A atuação que exacerbou a questão da Helena libertária foi de *A mulher de todos* (1969), não por acaso um filme de Rogério Sganzerla, a respeito do qual ela, numa entrevista, em plena expressão de sua *persona*, observou que sua personagem é "a mulher de ninguém, dona dos seus desejos e do seu corpo". Por ser "de todos", Ângela Carne-e-Osso só pertence a ela mesma, uma mulher livre, distante do sexismo reinante.

No período pós-Belair, há observações sobre o seu retorno aos tipos anárquicos na performance em *A encarnação do demônio* (José Mojica Marins, 2008), um filme do gênero "terror" bem próprio à filmografia do cineasta. E vale a discrição distante de suas atuações no cinema experimental no caso do seu trabalho no filme *Hotel Atlântico* (Suzana Amaral, 2009), quando seu jogo se atém à interpretação da personagem.

Seu papel em *Tragam-me a cabeça de Carmen M.* (Felipe Bragança, Catarina Wellenstein, 2019) é considerado "sob encomenda para seu perfil de referência de atuação para as novas gerações de atrizes".

A carreira de Helena Ignez se orientou, sobretudo depois dos anos 2000, para a continuidade da prática teatral e um novo *métier*: o de realizadora cinematográfica.

No papel de diretora-autora, ela concebeu e realizou filmes que dialogaram de forma muito pessoal com suas experiências como atriz, em especial com o período Belair, agora modulando o jogo de armação ficcional com os improvisos e citações, alternando espaços fechados e lances de improviso em espaços abertos que "teatralizam" o espaço público.

Seus longas-metragens compõem uma filmografia muito original, com seu estilo próprio como síntese do que ela criou em seu extraordinário percurso ao longo de décadas, tal como se evidencia em *Canção de Baal* (2008), *Ralé* (2015) e *A moça do calendário* (2017). E há, em particular, a continuidade de seu diálogo com Rogério Sganzerla, após o falecimento dele em 2004, diálogo que se fez de modo mais enfático em *Luz nas trevas: a volta do bandido da luz vermelha* (2010), dirigido por Helena e Ícaro Martins.

Tomando como referência uma citação de Laura Mulvey feita neste livro, quando estão em pauta questões de gênero e atitudes sexistas, vale terminar este prefácio repetindo uma primorosa observação de Pedro Guimarães e Sandro de Oliveira: "Tendo sido dona e senhora do seu desejo e de sua carreira, Helena Ignez tem uma vida que poderia ser uma bússola para quem quiser saber exatamente o conceito da palavra liberdade".

Ismail Xavier *é prof. emérito da Escola de Comunicações e Artes — USP; e professor visitante da New York University (1995); Université Paris III (Sorbonne Nouvelle, 1999 e 2011); University of Leeds (2007); University of Chicago (2008) e Universidad de Buenos Aires (2011).*

Introdução

A liberdade de uma atriz

Para uma garota branca, nascida em família tradicional na Bahia do final dos anos 1930, de formação pequeno-burguesa — tocava piano e falava francês desde cedo —, em um ambiente protegido da "alta classe média, [...] extremamente hipócrita"[1], Helena Ignez saiu melhor que a encomenda.

Sua vida sempre foi marcada pela indelével força de seu caráter indomável, como pessoa, como profissional e como mulher; pelo seu desdém por valores que a sua classe social sempre valorizava e pelo seu absoluto desapego às vantagens que a fama e o dinheiro poderiam trazer. Rejeitou trabalhos quando estes só significavam ganho material, evitando aceitar contratos na TV, então local certo de afluência da classe artística brasileira.

Logo cedo, já carregava nas atitudes a marca de sua personalidade forte: fez vestibular para direito, mas acabou mesmo indo parar na Escola de Teatro da Universidade Federal da Bahia, em uma das primeiras turmas. Helena a descreve como local de excelência: diretores convidados (Brutus Pedreira, Gianni Ratto), aulas de dança com a polonesa Janka Rudska e de música com Hans-Joachim Koellreutter[2], compositor e musicólogo. Essa formação eclética foi importante em todas as reviravoltas na sua vida, tanto nos projetos profissionais quanto nos seus programas formais como atriz, no teatro e no cinema.

O cinema entrou na vida de Ignez pelas portas da paixão, como não poderia deixar de ser. Aos 17 anos, ainda na universidade, apaixonou-se por esse "menino baiano louco, extremamente corajoso, talentoso, revolucionário, que era o Glauber [Rocha]"[3], então jovem agitador cultural, escritor e ensaísta em publicações locais e que se tornaria um dos maiores cineastas do mundo. Juntos fizeram o primeiro filme de ambos, *Pátio* (Glauber Rocha, 1959), curta-metragem que Ignez ajudou a produzir com dinheiro próprio e que já trazia elementos experimentais: nenhuma

---

1 Álvaro Machado, "A atriz Helena Ignez conta sua história de amor com o cinema brasileiro", *Trópico*, São Paulo/Rio de Janeiro: dez. 2001-jan. 2002.
2 Também responsável pela fundação da Escola de Música da Universidade Federal da Bahia em 1954, onde Helena Ignez estudou.
3 Álvaro Machado, *op. cit.*

narração ou diálogos, música concreta, primazia da expressão sobre a fábula. Casaram-se logo depois e permaneceram juntos por quatro anos, em uma parceria cinematográfica fugaz, até que Helena iniciou um namoro com um colega de Escola de Teatro que escandalizou Salvador e pôs seu casamento em ruínas[4].

Depois desse tumultuado caso amoroso que destruiu seu casamento, ela passou a carregar o epíteto de *bandida* nesse período baiano da sua vida, o primeiro entre muitos que viriam tentar dar conta de sua índole libertária. Parece que essa etiqueta indesejável que ela ganhou da escandalizada sociedade soteropolitana foi levada, com toques de ironia e muitíssimo bom humor, para os nomes de algumas de suas personagens da fase pós-Cinema Novo: Janete Jane, a escandalosa; Ângela Carne-e-Osso, a vampira histérica; Sônia Silk, a fera oxigenada; Betty Bomba, a exibicionista. Os nomes dessas personagens carregam a ideia de *persona*, que foi bastante explorada na mídia através de uma série de entrevistas e reportagens sobre seus filmes, suas personagens e sua vida privada. Após a fase em que atuou junto a diretores do Cinema Marginal brasileiro, Ignez continuou tendo alguns convites de trabalho em peças e filmes em que esse seu ar de mulher emancipada, *a mulher de todos*, dava o tom da escolha. Em 1998, o diretor baiano Roberto Pires a convidou para protagonizar *Sob o sol de dois de julho*, filme em que ela iria viver uma baronesa com "costumes revolucionários"[5].

A carreira de Ignez é, de certa maneira, um reflexo das atitudes absolutamente livres que teve em sua vida privada: fez o curso superior que desejou, relacionou-se e casou-se com os homens que quis, escolheu os filmes e os diretores com quem trabalhou, parou de atuar e voltou quando achou oportuno. Tendo sido dona e senhora do seu desejo e de sua carreira, Ignez tem uma vida que poderia ser uma bússola para quem quiser saber exatamente o conceito da palavra *liberdade*.

---

4 Tempos depois, Helena Ignez fez um balanço dessa série de eventos que envolveram sua vida e seu encontro com Glauber: "Foi uma adolescência (e um encontro) extremamente fértil, adoravelmente fértil e louca, que tinha sido estragada por um casamento". Depoimento ao *site* Ocupação Rogério Sganzerla — Itaú Cultural, disponível em: <http://www.itaucultural.org.br/ocupacao-rogerio-sganzerla/arquivo-de-familia/>. Acesso em: abr. 2017.
5 Em decorrência da morte de Roberto Pires, em 2001, esse filme ficou inacabado. Cf. Vera Sastre, "A musa do Cinema Novo está de volta", *Contigo!*, São Paulo: jan. 1998, n. 1.165, p. 60.

Em sua intensa vida profissional, principalmente a partir da década de 1960, intercalou dezenas de trabalhos em peças de muito sucesso com algumas participações em filmes. Ela afirmava que o cinema ainda não a havia conquistado completamente, sempre escolhendo trabalhos que considerava instigantes artisticamente. Os trabalhos que desenvolveu no teatro, nessa década, eram ao mesmo tempo uma necessidade extrema de experimentar caminhos estéticos diferentes e exercitar novos modos, estilos e habilidades de atuar. Isso pode ser comprovado com a gama absolutamente diversa de peças, autores, diretores, indo de dramas a musicais (como *Hair*, dirigida por Ademar Guerra, 1969) ou a comédias (como *Descalços no parque*, escrita por Neil Simon e dirigida por Ziembinski, 1964). Tais experiências deram estrutura à gama enorme de aparições nos filmes que ela faria no Cinema Marginal e, sobretudo, na Belair Filmes, sob a direção de Júlio Bressane e Rogério Sganzerla, diretor com quem se casou. Essa união artística foi para toda a vida.

O experimentalismo no trabalho atoral que Ignez adotará principalmente a partir de *Cara a cara* (Júlio Bressane, 1967) não é um resultado isolado de suas pesquisas, experiências teatrais e cinematográficas anteriores à fase de parceria com Rogério Sganzerla e Júlio Bressane e à criação da Belair Filmes. Ele é fruto de um diálogo profícuo com várias vertentes das manifestações artísticas que estavam ocorrendo no Brasil e no mundo a partir dos anos 1950: o neoconcretismo das artes plásticas de Hélio Oiticica, Lygia Clark e Lygia Pape; a poesia concreta de Décio Pignatari e de Haroldo e Augusto de Campos; as experimentações no Teatro Oficina de José Celso Martinez Corrêa e do Living Theater; as invenções, transformações e experimentos dos diretores da *Nouvelle Vague* (Jean-Luc Godard, em primeiro lugar, mas também Ingmar Bergman); o cinema do improviso e da ebulição criativa de Gena Rowlands e John Cassavetes; e o tropicalismo na música popular brasileira.

Inserindo-se dentro de uma linhagem de artistas-pensadores para além dos da sua época, Helena Ignez reverbera o espírito estético do cinema burlesco do início do século XX, mais precisamente o de Charles Chaplin; retoma preceitos das atrizes modernas europeias (Ingrid Bergman, Harriet Andersson); e ecoa procedimentos e formas do francês Antonin Artaud e do russo V. E. Meyerhold. Assim, o presente livro se propõe a traçar o percurso dessa filiação e mostrar como Helena Ignez se insere na história dessas formas artísticas e, ao mesmo tempo, inventa um sistema de jogo único no Brasil e no mundo.

Além desses movimentos, autores e vanguardas, deve-se ressaltar também a relação que os seus trabalhos no cinema tiveram com outros atores, atrizes e filmes brasileiros contemporâneos posteriores ao Cinema Marginal e à Belair Filmes. Cineastas de diferentes gerações do cinema brasileiro recorreram a ela como um corpo citacional da história do cinema brasileiro moderno: de Guilherme de Almeida Prado a Felipe Bragança, passando por Suzana Amaral, Cristiano Burlan e José Mojica Marins (que a brinda com uma personagem de nome Cabíria em *Encarnação do demônio*, 2008), Helena carrega consigo suas antigas personagens para novas narrativas e visualidades. As figurações, os gestos, os deslocamentos, os *tableaux vivants* da atriz nesses filmes reverberaram de maneira poderosa no cinema brasileiro. Em razão disso, falar das suas atuações nesses filmes é traçar um enorme novelo de citações, colagens, referências, influências e heranças fornecidas por um arcabouço gigantesco de modos de atuação, mas também por espetáculos de dança e por atores e atrizes presentes na história do cinema brasileiro (as comédias musicais dos anos 1930-60 conhecidas como chanchadas) e pela *performance art*. Como o rótulo de "musa do Cinema Marginal" parece vago e batido demais para descrevê-la — rótulo esse que ela rejeita veementemente —, propomos entendê-la essencialmente como uma "atriz experimental", inserida dentro da história da atuação moderna no cinema e ligeiramente deslocada para procedimentos e invenções próprias ao cinema experimental.

Se compararmos as participações de Ignez nos outros filmes do Cinema Novo, antes de seu deflagrador encontro com Bressane/Sganzerla, veremos que ela promove uma ruptura estilística tão radical na sua carreira que até parece que, ao olharmos para as suas imagens na tela, antes e depois do Cinema Marginal brasileiro, estamos diante de outra atriz. Ela afirma que, somente com a sua saída do Cinema Novo, pôde obter a liberdade criativa necessária para ter uma interpretação como a de *A mulher de todos* (Sganzerla, 1969), por exemplo[6].

Foi então que, dentro de um ambiente artístico e criativo propício, em momentos de efervescência política, Helena Ignez desabrochou. Dos papéis iniciais no cinema, onde fazia personagens presas demais a ditames de roteiro e à *mise-en-scène* clássica, ela passou a voar para outras paragens: tornou-se vamp, *femme fatale* e protótipo mal desenvolvido de viúva negra em *A mulher de todos*; prostituta de mafioso em *O bandido da luz vermelha* (Sganzerla, 1968); garota de programa possuída por espíritos ancestrais vagando com ultraminissaia em *Copacabana mon amour* (Sganzerla, 1970); mãe problemática de família disfuncional e prostituta nas horas vagas em *A família do barulho* (Bressane, 1970); ninfeta mal comportada em *Os monstros de Babaloo*[7] (Elyseu Visconti, 1970); moça envolvida em uma relação homoerótica na casa de um necrófilo, assassino e maníaco sexual em *Barão Olavo, o horrível* (Bressane, 1970), autointitulando-se escandalosa, histérica, exibicionista, rainha dos boçais, arqui-inimiga, vampirizando e devorando os homens; e, finalmente, talvez a "personagem" mais representativa da atriz, a figura desgarrada e que desafia toda tentativa de definição psicológica em *Sem essa, Aranha* (Sganzerla, 1970).

---

6   É preciso mencionar aqui que, mesmo em produções anteriores, fora ou posteriores ao Cinema Marginal, Helena Ignez teve papéis à altura de seu explosivo talento: "Mesmo quando ela fez Cinema Novo, teve ótimos momentos como, por exemplo, em *O padre e a moça* [Joaquim Pedro de Andrade, 1966], no próprio *Assalto ao trem pagador* [Roberto Farias, 1962], onde ela faz uma vamp de filme mexicano, eu acho que é um achado, ela se saiu muito bem". Rogério Sganzerla e Helena Ignez, "Helena — A mulher de todos — E seu homem", *O Pasquim*, Rio de Janeiro: 1970, n. 33.

7   Filme não rodado dentro da empreitada Belair, mas que compartilha estilo e práticas de encenação com os filmes de Bressane e Sganzerla do período.

△ *A mulher de todos.*

△ O bandido da luz vermelha.
▽ Copacabana mon amour.

△ *A família do barulho.*
▽ *Os monstros de Babaloo.*

△ *Barão Olavo, o horrível.*
▽ *Carnaval na lama*
   (ou *Betty Bomba, a exibicionista*).

△ *Cara a cara.*
▽

△ *Sem essa, Aranha.*
▽

Como se pode atestar por essa plêiade de personagens próximas da marginalidade, do crime e da violência, do arrivismo social, com caráter e atitudes mais do que questionáveis, havia uma atmosfera de curtição que perpassava muitos desses filmes. O desbunde é a palavra-chave do comportamento da época, comportamento esse que os atores da Belair souberam transformar em matéria de expressão e representação. Atuações pautadas por um clima de descompromisso com a verossimilhança dos gestos, das posturas e da construção psicológica, de uma simulação que era reflexiva e autoconsciente e que, por isso, passava a impressão de estarmos vendo não a efetivação de cenas, mas o ensaio delas, tamanho o frescor das improvisações. Prova da modernidade do jogo atoral da Belair, que replicava, com as características particulares do movimento brasileiro, questionamentos gerais vindos de atores de Bergman, Godard e Cassavetes. Para esses diretores, "aparecer num filme" significava "preparar o terreno para se estar no filme", comentar sua atuação mais do que encarnar um personagem, não fingir simplesmente ser outra pessoa, mas mostrar ao espectador os meandros dessa preparação ou dissimulação. Isso nos revela o *éthos* formativo e de compromisso desses filmes: falar de um mundo, de personagens e de situações que se esfacelam, que não têm origem, presente ou futuro, dentro de um mundo diegético obscuramente delineado, sem idealismo ou ilusionismo, em aparições que demarcam essa impressão de processo, mais do que um trabalho produzido e finalizado. Para que criar histórias com coerência, sentido e tentativa de harmonização estética, se o mundo lá fora é totalmente destituído de tais elementos?[8].

---

8   Muitos artigos, livros e ensaios sobre o Cinema Marginal brasileiro versam sobre a relação dos filmes marginais com o golpe militar e o longo período em que o Brasil viveu sob um estado de exceção, com violenta ditadura que cerceou direitos civis, forçou milhares de artistas, políticos e ativistas ao exílio, assassinou jornalistas, estudantes e mergulhou o país num período de total falta de liberdade criadora. Foi nesse ambiente que o Cinema Marginal prosperou, e dentro dele, a Belair Filmes, companhia de produção de Rogério Sganzerla, Júlio Bressane e Helena Ignez. Cf. Jean-Claude Bernardet, *O voo dos anjos: Bressane, Sganzerla. Estudo sobre a criação cinematográfica*, São Paulo: Brasiliense, 1991; Ismail Xavier, *Alegorias do subdesenvolvimento: Cinema Novo, Tropicalismo e Cinema Marginal*, São Paulo: Brasiliense, 1993; Fernão Ramos, *Cinema Marginal (1968-1973): a representação em seu limite*, Brasília/São Paulo: Embrafilme/Minc/Brasiliense, 1987.

1.

O ator moderno do cinema brasileiro

A eclosão dos "novos cinemas", sobretudo na Europa, a partir dos anos 1950, marcou a chegada da modernidade à sétima arte. Como em outras artes, o moderno cinematográfico não surgiu do dia para a noite. Escritos teóricos ressaltam os lampejos de modernidade que representaram o apogeu do cinema mudo soviético, o burlesco de Charles Chaplin e as vanguardas europeias dos anos 1920. Ou ainda se perguntam, como Aumont: "é possível falar de classicismo em torno de uma prática essencialmente fundada na modernidade, acompanhante constante da vida moderna?"[9].

Qualquer que seja a data de nascimento da modernidade dos filmes, a que corresponde à da segunda metade do século XX, por aflorar quando as estruturas clássicas já haviam sido consolidadas, foi marcada pela quebra de antigos valores de produção tradicional (*star system* enfeitiçante, ideologia vinculada à propaganda de um jeito de viver à americana, histórias teleológicas que buscavam envolvimento afetivo dos espectadores) e pela elaboração de novos.

Nesse sentido, a modernidade das formas cinematográficas trazidas por esses novos cinemas passa pela reinvenção das maneiras de filmar, de como enquadrar e iluminar corpos, objetos e paisagens — nos filmes modernos, o corpo do ator encontra-se recorrentemente desenquadrado, a câmera passa a filmá-lo de costas, sob poucas ou rarefeitas fontes de luz ou invertendo a sacrossanta hierarquia que prega a supremacia da imagem sobre o som.

O trabalho com atores, como integrante da forma fílmica, também sofreu radicais distúrbios. Embora negligenciado pelas análises do campo de estudos em cinema, a percepção do corpo diante da câmera, suas técnicas de atuação e as relações entre ator e realizador (e entre ator e personagem) estiveram à frente do processo de reinvenção do cinema.

---

9   Jacques Aumont, *Moderne?: Comment le cinéma est devenu le plus singulier des arts*, Paris: Cahiers du Cinéma, 2007, p. 38.

A modernidade cinematográfica atoral está diretamente ligada à modernidade autoral, aquela defendida pelos críticos do *Cahiers du Cinéma* que elevou ao *status* de autores os cineastas com um estilo de filmar facilmente reconhecível e admirado. Não por acaso, a modernidade atoral também pôde ser identificada em obras de dois dos autores defendidos pelos *Cahiers*: *Stromboli* (Roberto Rossellini, 1950) e *Mônica e o desejo* (Ingmar Bergman, 1953). São filmes que jogam por terra a intocabilidade das velhas estrelas de cinema e dão novas regras à interação entre realizador e ator. Roberto Rossellini foi um dos precursores do neorrealismo italiano, movimento que pregava, *grosso modo*, a saída do cinema dos estúdios, a filmagem em cenários reais, privilegiando os atores não profissionais — ou a relação entre profissionais e não profissionais. Para *Stromboli*, o diretor foi buscar em Hollywood uma das maiores atrizes da época, a oscarizada e intocável sueca Ingrid Bergman, emigrada para os Estados Unidos no início dos anos 1940. Vejamos o que nos conta a fábula fílmica: Karin (Ingrid Bergman), mulher fria, de origem longínqua, está presa por ser acusada de colaborar com os nazistas. Ela aceita se casar com um pescador simples da ilha italiana de Sicília para escapar do cárcere. Quando Karin chega a Stromboli, a inóspita ilha que será, a partir de então, sua casa, ela se depara com um mundo simples, rude e hostil; uma sociedade da qual desconhece a língua e os códigos. A história de Karin pode ser lida numa segunda camada, que diz respeito não somente à personagem, mas também às particularidades da atriz que a interpreta. Ingrid Bergman era, na época, não só atriz de Rossellini, mas também sua esposa. Tendo abandonado carreira, prestígio e família em Hollywood, ela foi para a Europa viver junto ao marido. Acostumada a superproduções de alto orçamento, rodeada por profissionais de fotografia, maquiagem e figurino, a atriz desembarca em um mundo estranho a ela, de filmes baratos, feitos em locações áridas, com iluminação que não visava valorizar a beleza e a juventude das atrizes, pouca maquiagem e figurinos simples.

Tal tentativa de ampliar a leitura de um filme pela compreensão das dimensões do seu processo criativo foi feita por Alain Bergala. Para ele, na cena da procissão que "engole" o casal de *Viagem à Italia* (1954), outro filme rodado pela dupla,

Rossellini "extirpa Ingrid Bergman de seu veículo-concha superprotetor para lhe dar um banho de multidão, de povo e de italianidade, do qual ela sairá atordoada, mas transformada"[10]. A ilha de Stromboli encarna, nesse contexto, o próprio cinema italiano da época. Karin e Ingrid terão que aprender a falar a língua daquele novo lar: o italiano para a primeira, a linguagem cinematográfica do neorrealismo para a segunda. Karin deverá aprender a interagir com os habitantes locais; Ingrid Bergman, a interpretar diante de atores não profissionais, os próprios habitantes da ilha. O corpo da atriz, transplantado para aquela realidade, uma nova terra, move-se com dificuldade, estranha as paisagens e as pessoas, enfrenta os costumes, afronta com o olhar, mas acaba se dobrando a ele, num dos encerramentos mais comoventes e metafísicos da história do cinema. Num momento exemplar desse confronto, Karin/Ingrid vai acompanhar a pesca do atum pelos habitantes locais. O que ela vê nesse momento é forte demais para seus olhos, uma situação agressiva e violenta, da qual ela só pode fugir fechando os olhos e enxugando o rosto dos respingos de água. A pesca, ritual local, choca Karin pela sua intensidade bruta; a estrela Ingrid Bergman, desprotegida diante dessa realidade documental, recolhe-se e resigna-se perante seu destino.

Stromboli é não só um filme sobre uma mulher aprendendo a viver numa nova sociedade, mas um filme sobre uma estrela abrindo mão do conforto e do estrelato para se "sujar" de realidade e se tornar uma atriz de verdade.

---

10 Alain Bergala, *Monika de Ingmar Bergman*, Paris: Yellow Now, 2005, p. 12. Bergala tece esse comentário em torno da colaboração entre Bergman e Rossellini em outro filme, *Viagem à Itália* (1953), mas pode ser aplicado à totalidade das imagens dirigidas por ele e protagonizadas por ela. A abordagem de Bergala não é isenta de críticas, principalmente se a analisamos do ponto de vista dos estudos feministas, que batalham há décadas para tirar as mulheres do lugar de seres observados e objetos do desejo e pensá-las como agentes ativas do seu desejo e subjetividade. Cf. Pedro Maciel Guimarães e Karla Bessa, "Provocações feministas: Alain Bergala diante de Mônica e seus desejos", *Revista Eco Pós*, Rio de Janeiro: 2019, v. 22, n. 1, pp. 100-20. Disponível em: <https://revistas.ufrj.br/index.php/eco_pos/article/view/26389/pdf>. Acesso em: abr. 2020.

△ Harriet Andersson em *Mônica e o desejo*.
▽ Ingrid Bergman em *Stromboli*.

△ *Stromboli.*
▽

48

Alguns anos depois, o diretor sueco Ingmar Bergman constrói um filme em torno da relação de expressão de desejo entre realizador e atriz em *Mônica e o desejo* (1953) e reiventa as maneiras de um diretor abordar o corpo da atriz. Assim como *Stromboli*, *Mônica* mostra mais do que seu roteiro informa: o despertar sexual de dois jovens, Mônica e Harry, num idílio amoroso em uma ilha deserta durante o verão, e a consequente degradação da relação depois que retornam à cidade. A insularidade dos dois filmes é, para Alain Bergala, o elemento que distingue e singulariza o ato criativo do cinema moderno, um tipo de organização espacial onde as limitações de recursos práticos e simbólicos funcionam como a mola mestra de uma *mise-en-scène* pessoal e arriscada, no limite entre o excesso e a falta. A atriz que interpreta Mônica, Harriet Andersson, era mulher do diretor à época das filmagens e tal fato, aparentemente anódino, condicionou decisões de filmagem a ponto de determinar a forma do filme. Ainda na análise de Bergala, *Mônica e o desejo* é um filme que merece ser lido como a representação do desejo do diretor pela atriz. Para isso, ele cria uma série de subterfúgios na imagem e na montagem do filme para "raptar a atriz" do seu rival diegético e estabelecer com ela um *tête-à-tête* de sedução, troca, revelações e escamoteações. O centro de interesse desloca-se então da simples ação dos personagens entre si, as "criaturas" na tela, da dimensão propriamente narrativa, para se alocar na interação entre "criador e criaturas"[11], com o diretor localizado no extracampo, atrás da câmera. O dispositivo de filmagem é a "presença invisível" do seu corpo e seu olhar para dentro da sua diegese e em direção a seus personagens.

Esses filmes, modernos na sua forma justamente por quebrarem preceitos cristalizados em torno das estrelas imaculadas e do isolamento do universo ficcional, permitem que os processos simbólicos do momento de criação transpareçam na forma final da obra, ou seja, que se percebam impressas na película as marcas da fabricação do filme. Essa maneira de entender a estética pela poética é uma aplicação da máxima de Blanchot, segundo a qual "a estátua glorifica o mármore"[12],

---

11 *Ibidem*, p. 42.
12 Maurice Blanchot, *L'Espace littéraire*, Paris: Gallimard, 2007, pp. 296-7.

fórmula usada para explicar como a obra de arte moderna é, essencialmente, uma manifestação dos elementos que se aliam para que ela exista: a materialidade dos meios empregados pelo artista (a palavra, a tinta, a pedra bruta), o investimento do artista na maneira de lidar com esse material bruto (o estilo da escrita, a pincelada, a maleabilidade de uma superfície) e a relação entre o artista e a realidade que ele encontra diante dele (as dificuldades práticas de execução, o modelo diante da tela do pintor etc.). Blanchot se alia assim a diversos outros pensadores do processo criativo, como Tzvetan Todorov, Erwin Panofsky, Paul Klee e Jean-Luc Godard, que defendem a reflexividade como integrante das obras de arte modernas, em detrimento da transparência clássica.

No caso do ator, o filme pode guardar os rastros da gama de desejos e afetos que entram em jogo quando se coloca diante da câmera, de um corpo desejante (o do realizador), um corpo desejado (o do ator/atriz). Bergala chega a defender que apenas o cinema pode revelar, de maneira inequivocamente visível, o envolvimento entre modelo e artista:

> O pintor que transa com seu modelo não transa com a mulher da pintura que está na tela. O cineasta que transa com sua atriz registra, no dia seguinte, os rastros que esse ato real deixou em seus corpos e nas suas mentes... Quando uma mulher real encarna uma personagem nascida do imaginário de um cineasta, ela incorpora o objeto ideal de desejo e de amor que esse homem havia imaginado, às vezes antes de conhecê-la, sob a forma de uma criatura inventada. Ela se torna objeto de desejo ideal, ao mesmo tempo criatura real e corpo-suporte de sua fantasia amorosa[13].

O âmbito de reflexão de Bergala evoca claramente o complexo de Pigmaleão e pode soar ultrapassado, visto a posição de controle adquirida pelas mulheres dentro do mercado de trabalho e dos *sets* de filmagem. Além disso, sua abordagem é obviamente limitada, se pensarmos que nem todos os diretores que desejam e filmam atores terão envolvimentos pessoais com eles. A influência dos atores modernos

---

13 Alain Bergala, *Monika de Ingmar Bergman*, op. cit., pp. 43-5.

no cinema ultrapassa, obviamente, as histórias mundanas de envolvimento entre diretores e atrizes. Ainda assim, os diretores da *Nouvelle Vague* fizeram de *Mônica* um filme-norte e se espelharam nele para abordar o corpo filmado com liberdade, sem necessidade de mascarar a vontade sexual, o ciúme e a sedução.

De objeto a sujeito do desejo

A relação que unia Helena Ignez e seu marido e diretor Rogério Sganzerla pode ser analisada segundo o modelo bergmaniano e rosselliniano, resumido pela máxima de "filmar o objeto de desejo"[14], segundo o termo utilizado por Alain Bergala para descrever as relações que unem Ingmar Bergman, o criador, e sua criatura Harriet Andersson-Mônica. Faz-se necessário, no entanto, repensar essa lógica fetichizante que coloca o homem como o único sujeito do olhar e a mulher como apenas seu objeto. O exemplo do Cinema Marginal brasileiro e da atuação de Helena Ignez nesses filmes nos impõe tal deslocamento. Em *Visual and Other Pleasures* (1975), Laura Mulvey chamará a atenção para a construção patriarcal dos filmes clássicos hollywoodianos em que a mulher era sempre o objeto do desejo, e o homem, por trás da câmera, o senhor desse desejo. Propomos aqui alargar o esquema estudado por Mulvey para ver como Helena se torna sujeito do olhar sem, necessariamente, sair da frente da câmera e sem perder totalmente o estatuto de corpo observado e, ao mesmo tempo, desejado.

A *mise-en-scène* de Sganzerla é construída em torno do corpo da atriz, mas não para objetificá-lo, e sim para criar junto com ele; fazer dele a superfície da circulação do desejo, mas de um desejo que não segrega, domina ou sufoca o sujeito desejado. Ao contrário, permite que ele exerça a passagem do polo desejado para o polo desejante. A câmera de Sganzerla, que também se identifica claramente com o corpo e o olhar do diretor, estabelece com a atriz uma dança em torno da expressão do desejo; sequências inteiras dos filmes da dupla nos anos 1970 são construídas nessa

---

[14] Alain Bergala utiliza o termo para descrever as relações que unem Bergman e Harriet Andersson-Mônica.

lógica. O diretor impõe um alargamento ao propor ao fluxo narrativo um desvio visual para plantar a sua câmera diante da atriz.

Ao observar, obcecar-se e interagir com Helena, Sganzerla leva consigo o olhar do espectador. Do seu lado, Helena se coloca diante da câmera e estabelece com ela e com o diretor um jogo de sedução e fascínio — mas, ao mesmo tempo, de enfrentamento e devolução do olhar — jamais repetidos no cinema brasileiro. Uma dança onde o corpo da atriz deixa de ser apenas o alvo do desejo do realizador para estabelecer com ele relações de igualdade e de comunhão da potência disruptiva. O olhar de Helena perfura a câmera de Sganzerla e joga a já combalida transparência cinematográfica definitivamente no lixo. O cineasta brasileiro age sobre e conjuntamente com o corpo de sua atriz para manifestar o desejo que une esses dois seres e abala a forma do filme dominante, casta e repressora, para forjar uma estética em que atriz e realizador se afrontam e se desejam mutuamente.

Se Helena Ignez é atriz de jogo eminentemente moderno, herdeira do desprendimento sexual e da autoafirmação de seus desejos presentes nas personagens de Harriet Andersson e Ingrid Bergman, o elemento experimental não é menos fundador do seu programa gestual e das suas atuações. Faz-se necessário, portanto, definir essa faceta da atriz como experimental, ligada obviamente ao movimento do cinema experimental ou marginal brasileiro dos anos 1970.

2.

O ator experi- mental

O ator experimental ainda é um campo árido de pesquisa. Quem enveredar por essa área não encontrará terreno pronto para a semeadura. Na história das pesquisas sobre o ator no cinema, os procedimentos experimentais no sistema do jogo atoral são acontecimentos isolados, fragmentados, rarefeitos, esparsos no tempo, encontrando campo de efetivação em cineastas, atores e atrizes, produções e "escolas cinematográficas" espraiados pela história e pela geografia do cinema. Ele está nos terrenos baldios das pesquisas, nos filmes tidos como os "outros" cinemas: vanguarda, experimental, de poesia (Pasolini, Ferreira), de denúncia, independentes, cinemas alternativos, radicais, visionários, abstratos, de resistência etc.[15]. Está nos becos escuros dos gestos incompreendidos, nas posturas não miméticas, nas exposições não cotidianas e nos espaços desprezados por boa parte da nossa história da pesquisa dos estilos de atuação. Possui uma urgência incontida de fugir de um centro de procedimentos que, julga-se, seja o bastião teórico e prático do ator naturalista e precisa ter, como princípio de trabalho, um espaço menos afeito aos códigos dominantes e limitadores dos cinemas de vertentes mais populares.

Não se encontra o ator experimental em estudos atorais sobre o *star system* do cinema clássico norte-americano dos anos 1920 aos 1960, sobre a economia do cinema industrial, na história das grandes estrelas e astros da tela e nos cinemas mais ligados a uma distribuição que os faça, consequentemente, ter um público maior, sucesso mercadológico, notoriedade e prêmios em festivais ao redor do mundo. Esse centro de procedimentos do ator naturalista utiliza formas sensoriais comuns ao conhecimento mais amplo e lato da vida, dando à forma do ator um aspecto mimético imediato do cotidiano, muito distante de procedimentos experimentais.

O ator sobre o qual este livro versa nasceu e habita as franjas de um colossal sistema de espetáculos: o cinema industrial. É notório o fato de que, em quase todos os filmes experimentais, existe uma sombra pavorosa que habita o "lado de lá" das formas cinematográficas hegemônicas. Seja nas vanguardas da França e de outros

---

15 Dominique Noguez faz um resumo dos nomes para o cinema experimental e de suas (in)aplicabilidades. Cf. Dominique Noguez, *Éloge du cinéma expérimental*, Paris: Éditions Paris Expérimental, 2010, p. 23.

países da Europa das primeiras décadas do século XX, no cinema *underground* americano ou nos cinemas novos — sejam eles quais forem —, a ideia hegemônica sobre o ator cinematográfico era um conjunto de procedimentos que tinha a *mímesis* como princípio, "uma manifestação concreta de uma matéria por meio da semelhança nos meios artísticos da cor, da forma e do som"[16]. A *mímesis*, mas não só ela, é parte de um programa sintético, de elaboração e de construção de mundo nesse cinema que se coadunava com uma ótica burguesa de produção de sentidos, ótica calcada num programa de engenharia de formas dramáticas com um conjunto bem claro de elementos: diegese hermética, gestualidade atoral ligada ao programa ético de uma personagem conservadora (heterossexual, teísta, portadora de uma ética social burguesa), personagem psicologicamente retilínea (em uma concepção behaviorista de sentido externamente reconhecível), ator sinedoquicamente representativo do grupo social (corporal e gestualmente) ligado à personagem, um procedimento de *casting* de atores coadjuvantes (*typecasting*, *character actors*) que serviam de trampolim para o "drama" dos protagonistas, ou seja, um cinema feito para promover identificação como espetáculo popular, ideologicamente moldado em premissas de uma cultura ocidental de predominância judaico-cristã[17].

Segundo James Naremore, essa tradição da *mímesis* como ponto de discussão do ator vem das propostas de Diderot, no seu *Paradoxo sobre o comediante* (1758). Cita-se aqui Diderot porque foi ele quem propôs a porta de entrada à questão que é crucial para compreendermos o *éthos* do ator experimental. Diderot basicamente questiona os atores que usam sua sensibilidade para compor suas performances e advoga o *modus operandi* dos atores que preconizam o seu aspecto imitativo, calcado em princípios que seriam da ordem mais artística possível: o princípio da imitação como ato lúcido, controlado, e o ator sendo um observador racional da natureza humana e das convenções sociais[18]. Assim, por um longo período neoclássico, que

---

16 Citação de Göran Sörbom em Luiz Costa Lima, *Mímesis e modernidade: formas das sombras*, Rio de Janeiro: Graal, 1980, p. 29.
17 Sobre alguns pontos desse tema, cf. Ismail Xavier, *O discurso cinematográfico: a opacidade e a transparência*, São Paulo: Paz e Terra, 2005.
18 James Naremore, "Film Acting and the Arts of Imitation", *Film Quarterly*, California: 2012, v. 65, n. 4, p. 34.

vai do século XVIII até o início do século XX, a "imitação" teve uma conotação bastante positiva entre os atores, chegando até a gerar um tempo de ideias profícuo para trabalhos que foram "manuais" de um vocabulário codificado de gestos, poses, posturas e expressões faciais para a criação de personagens-modelos.

Essa primazia da imitação, da codificação de gestos, posturas e expressões faciais teve na taxonomia do gesto de François Delsarte e nos escritos de alguns dos seus discípulos, como os de Charles Aubert[19], uma espécie de carta magna. Tal código foi sendo solapado por uma psicologização crescente na literatura, no teatro e, terminando, segundo Naremore, na "mudança de ênfase da imitação de um modelo para a expressão de um 'self' [que] é devida em parte ao cinema"[20]. Da *mímesis* como imitação do real em um ato refletido, surge então a *mímesis* que se funda nos princípios aristotélicos de criação de personagem "como reflexo da pessoa humana" e de uma "personagem como construção possível, cuja existência obedece às leis particulares que regem o texto"[21]. Seria o *representar* como ato próximo do possível e palpável, em detrimento do ato de *imitar* como uma atividade do trabalho do ator.

O que efetivamente prosperou como *éthos* do ator no cinema clássico americano foram os primados stanislavskianos relidos, transmutados e aplicados à máquina hollywoodiana de produção cinematográfica pelo Método de Lee Strasberg, que, *grosso modo*, pregava uma quase auto-hipnose do ator, como ato de preparação de papéis. Christian Viviani chama a atenção justamente para a importância da psicanálise freudiana na construção do método strasberguiano, ele mesmo "um psicoterapeuta nas horas vagas"[22]. Para Strasberg[23], o ator deve delinear a forma e os traços gerais do personagem e dos acontecimentos através do trabalho de pesquisa, que deve ser a sua marca principal; a realidade, a experiência e a intensidade das emoções do personagem devem ser dissecadas pelo ator e pertencer ao seu texto princi-

---

19 Sobre os escritos de Delsarte, cf. Alain Porte, *François Delsarte: une anthologie* (Paris: IPMC, 1992), obra que sistematiza e apresenta o método delsartiano, as relações contemporâneas ao texto e posteriores releituras. De Charles Aubert, *L'Art mimique; suivi d'un Traité de la pantomime et du ballet*, Paris: E. Meuriot, 1910.
20 James Naremore, "Film Acting and the Arts of Imitation", *Film Quarterly, op. cit.*, p. 34.
21 Beth Brait, *A personagem*, São Paulo: Ática, 1985, p. 29.
22 Christian Viviani, *Le Magique et le vrai: l'acteur de cinéma, sujet et objet*, Paris: Rouge Profond, 2015, p. 144.
23 Lee Strasberg, *Um sonho de paixão: o desenvolvimento do método*, Rio de Janeiro: Civilização Brasileira, 1990.

pal; as emoções devem nascer de dentro do ator, através de suas próprias experiências pessoais, uma caracterização interiorizada, manifestando-se de dentro para fora.

O que faz, então, o ator experimental, em vista desse poderoso arcabouço narcotizante dos procedimentos clássicos que gera uma identificação sensória rápida e imediata, de uma relação de fruição límpida com o espectador? Primordialmente, ele questiona esse centro ao se aproximar do limiar, da fronteira, da divisa, do limite. Ou, muitas vezes, o ultrapassa, entrando no campo minado do excessivo, do desconhecido, do não vislumbrado, do escuro e perigoso terreno dos procedimentos ainda não divisados ou praticados: numa espécie de Hades[24] da atuação.

Sua ética é a de sacudir a relação entre espectador e cinema de espetáculo, composta muitas vezes de passividade, ao rechaçar um envolvimento pessoal e afetivo com o espectador, instalando o choque, o estranhamento, o desnorteamento, a náusea e a repulsa, escapando assim dessa urgência de sentido ou, ainda, entupindo sua atuação de tantos signos que a sobrecarrega a ponto de não mais significar. O experimental é uma alternativa aos gêneros estratificados e fortalecidos pela indústria, questionando seu campo de trabalho assentado e inerte de módulos encapsulados (os psicologismos dos personagens, os procedimentos codificados pelo "gosto comum", os trâmites do ator que se prende a uma personagem pré-arquitetada).

Existe nesse trabalho, nessa noção de ética do ator experimental que aqui se esboça, uma relação com a noção de ética que vem da filosofia das ciências normativas de Charles S. Peirce, que afirma que ética, "ou a ciência do certo e errado, deve apelar para a estética por ajuda na determinação do que é o *summum bonum*. É a teoria da conduta autocontrolada ou deliberada"[25]. Assim, a ética do ator experimental se mede dentro das suas ações de escolha: escolha do que ele efetivamente faz que o torna experimental.

---

24 Deus da mitologia grega do mundo dos mortos ou do inferno. Termo usado aqui como metáfora para um lugar poucas vezes habitado ou visitado; lugar remoto.
25 Charles Hartshorne e Paul Weiss (orgs.), *The Collected Papers of Charles Sanders Peirce*, v. 1: *Principles of Philosophy*, Cambridge: Harvard University Press, 1931-5.

Portanto, a sua estética, seu *summum bonum*, já está dada de antemão na sua própria carnadura: experimentar, improvisar, transbordar os limites estabelecidos por regras restritivas de módulos cinematográficos mais afeitos ao mercado consumidor, ultrapassar fronteiras circunscritas por códigos deveras opressores, os que cerceiam os campos de liberdade expressiva e de repertório de gestos, posturas e ações do ator. Ao falar do novo artista de cinema, Jonas Mekas deu um termômetro do que torna o ator experimental: "Sua rejeição do cinema 'oficial' (Hollywood) não é sempre baseada em objeções artísticas. Não é questão de os filmes serem artisticamente ruins ou bons. É uma questão da aparência de uma nova atitude perante a vida, uma nova compreensão do Homem"[26]. Portanto, é essa atitude que o ator experimental instaura: uma visão, que se revela inovadora, de todo um arcabouço de representação que historicamente se amalgamou ao trabalho do ator no cinema e que, na nova ordem ética do ator experimental, envelheceu, perdeu seu frescor pela repetição *ad nauseum*, pela falta do oxigênio da criação.

O ator experimental parece não ser um espectro finalizado nos filmes. Sua aparição e os seus registros na tela parecem estar em estado de eterno processo, em que esse próprio processo de produção das atuações, dos gestos, dos deslocamentos e das posturas irrompem na tela como material de composição fílmica, como material do filme finalizado, mas com essa textura de material *ad hoc* que surge na montagem final, dando um "ar" de reportagem de um acontecimento registrado[27].

Ainda sobre essa espontânea aparência de ato em processo, Wheeler W. Dixon[28] explica que o filme experimental se preocupa em fazer com que os atores tragam o que há de espontâneo e real neles mesmos, em vez de um vasto número de habilidades miméticas e artificiais, principalmente ligadas a um papel. Há uma conexão

---

26 Jonas Mekas, "Notes on the New American Cinema", *in*: Wheeler Winston Dixon e Gwendolyn Audrey Foster, *Experimental Cinema: The Film Reader*, Londres: Routledge, 2002, p. 69.
27 Cf. o tópico "Erotismo e maquinismo", no capítulo 3.
28 Cf. Wheeler Winston Dixon, "Beyond Characterization: Performance in 1960s Experimental Cinema", *Screening the Past*, nov. 2010. Disponível em: <http://tlweb.latrobe.edu.au/humanities/screeningthepast/29/performance-in-1960s-experimental-cinema.html>. Acesso em: abr. 2020.

mais genuína com o real (no sentido de procedimento mais pessoal e intensamente individual), uma força maior no real (no jogo do ator experimental) do que numa performance roteirizada e mais elementos de riscos e espontaneidade nesses filmes que estão ausentes no cinema *mainstream*. Esse real que se menciona aqui não é, obviamente, uma contraposição ao artificial, ao *fake* ou ao vazio, mas simplesmente uma fidelidade do ator a uma expressão individual que existe em detrimento de uma expressão de uma personagem, ou seja, *persona* inflada *versus* personagem obscurecida ou desprezada. Essa expressão pessoal pode nos gerar casos sublimes de presença atoral, como foi o caso de Taylor Mead no filme *The Flower Thief* (Ron Rice, 1960), em que sua peregrinação burlesca por uma cidade hostil e adulta reforça o caráter absolutamente pessoal dessas aparições.

Sobre a questão da presença física do ator na tela, sua relação com o dispositivo e, consequentemente, com o público, revela-se um fato quase onipresente no cinema experimental, em quase todas as suas manifestações na história do cinema: um potente desejo do elemento humano de aparecer na imagem, de simplesmente estar presente no filme, maior do que efetivamente encenar a trama e desenvolver personagens. Essa busca pela "verdade", no *métier* do ator, toma configurações especiais no ator experimental, pois se há uma preponderância do "estar-lá" sobre o "fazer-algo-semioticamente-legível-na-tela", então é no terreno em que há o caos da presença que ele reina, e não na organização em uma *mise-en-scène* controlada.

A legibilidade das emoções e as intenções semióticas do gesto ou da postura do ator são dados distantes na atuação experimental porque, em vez de organizar seu sistema se guiando pelo "mapa" que é um roteiro, com personagem bem definido, métodos mais conservadores de uso do *blocking*, da encenação meticulosa, da progressão e consistência psicológica, da busca pelo efeito de personagem-pessoa, o ator experimental "desorganiza" a sua aparição na tela do cinema. Sua busca por uma "presença" ou verdade não pode estar embutida num ser que possui uma psicologia bem definida e com objetivos claramente traçados numa trama qualquer. Ela é alcançada com aparições que estão bem longe de conter o espectro de técnicas comumente vistas no jogo do ator no cinema industrial.

O termo "experimental", que este livro propõe para a análise de parte da carreira de Helena Ignez, no entanto, já foi objeto de estudo de Nicole Brenez em uma vertente que se pode nomear de "função social do ator", ou seja, os atores que tentam "reformular os rituais coletivos" e por sua identidade *sub judice*, pois "seu trabalho envolve o transporte da vida a territórios da criação, que se inicia no limiar entre o possível e o impossível, na viagem ao aquém ou ao além da sua existência"[29]. Esses atores se recusam a participar, como Marlon Brando, do jogo da ideologia que predomina no cinema industrial, fugindo de depoimentos que possam ser benevolentes com ideias dominantes na indústria[30]. Ele reafirma a sua liberdade e a sua opinião sobre a indústria ao recusar trabalhos, se ausentar de festivais ou, como fez Delphine Seyrig, empreender uma carreira que Brenez considera como detentora de um profundo "senso de responsabilidade", no que diz respeito, por exemplo, à escolha de papéis ou de realizadores de vertentes mais políticas.

O *casting*[31] experimental

Nessa plêiade de corpos expostos e nessa ânsia pelo mostrar, exibir, desfilar e se apresentar na frente da tela, existe no cinema experimental uma atividade de *casting* que, de tão inovadora e iconoclasta, torna-se absolutamente intrigante e sedutora. E, quando se fala de *casting*, esqueçamos tudo o que tradicionalmente se circuns-

---

29 Nicole Brenez, "Are We the Actors of Our Own Life? Notes on the Experimental Actor", *L'Atalante*, Valência: 2015, n. 19, p. 60.
30 Já está gravado na história o discurso de uma "indígena" norte-americana (em nome de Marlon Brando) recusando o Oscar de melhor ator pelo filme *O poderoso chefão* (Francis Ford Coppola, 1972). Sacheen Littlefeather, que não era indígena, e sim uma atriz, afirmou que o ator não aceitou o prêmio em razão do tratamento indigno recebido pelos nativos norte-americanos na indústria cinematográfica daquele país. Cf. Nicole Brenez, *op. cit.*
31 O termo *casting* usado aqui não se relaciona à atividade profissional altamente especializada, cuja tarefa precípua é obter um melhor resultado possível entre, de um lado, um grupo de atores e atrizes ligados a uma agência de atores e, de outro, uma produção cinematográfica com a necessidade de contratar um elenco para um filme com determinadas características narrativas, com determinados tipos étnicos requeridos e, obviamente, com um orçamento que deve ser respeitado. Usa-se o termo aqui simplesmente para se descrever o tipo humano presente nos filmes experimentais, de maneira a exemplificar a óbvia disparidade, heterogeneidade e, muitas vezes, o aspecto completamente inusitado da presença de certos tipos nesses filmes.

creve como trabalho de escolha do elenco ou das três grandes categorias de escolhas dos atores que Richard Dyer[32] enumerou: a) aquela que ressalta o conceito de máscara ou o tipo de "função" que um determinado ator terá; b) aquela que se preocupa com as possibilidades de criação de sentido a partir da atuação; qualidade do jogo atoral, origens teatrais etc.; c) a escolha do ator pelo rosto, de acordo com o papel (Fellini como exemplo). Há também o inventário de ações básicas que podem orientar o processo de *casting* no cinema proposto por Alain Bergala[33]: escolher (ação tradicional), encontrar (a sorte, o fortuito, a coincidência) ou simplesmente eleger alguém fora de qualquer comparação com outros candidatos, nem mesmo com o pseudopersonagem, tampouco expresso pela corporeidade, ou seja, pela parte externa do corpo, fonte de princípios da fisiognomonia[34].

Os problemas de *casting* no cinema experimental começam logo na pré-produção: quem escolher para o elenco do filme, se nem dinheiro temos? Ou, se temos dinheiro, é para comprar a película, produzir a revelação do filme, fazer o "transfer" para outra bitola, pós-produzir a trilha sonora (quando havia), produzir uma cópia de exibição ou coisas mundanas demais para o enriquecido cinema industrial ou para as não tão ricas, mas autossuficientes, cinematografias modernas. Obviamente, alguns desses problemas foram solucionados com a invenção de suportes magnéticos e digitais de imagem, mas foram somente um alívio financeiro, pois as produções pós-anos 1960, com o advento da fita magnética em VHS, com as câmeras menores e mais baratas e com os dispositivos portáteis de gravação de som, só vieram deslocar os problemas do suporte para outras áreas da produção. Outras soluções possíveis foram dadas por Noguez, segundo o qual era necessário, a quem quisesse fazer um filme experimental, "encontrar por si só sua fonte de

---

32 Cf. Richard Dyer, "Federico Fellini et l'art du casting", *in*: Vincent Amiel *et al.* (orgs.), *L'Acteur de cinéma: approches plurielles*, Rennes: Presses Universitaires de Rennes, 2007.
33 Cf. Alain Bergala, "De l'impureté ontologique des créatures de cinéma", *Trafic n. 50: Qu'est-ce que le cinéma?*, Paris: POL, 2004.
34 Por estarem tão distantes dos módulos experimentais de *casting*, não elencamos propositadamente os *typecasting* e os *character actors* dos cinemas clássicos, nem a tipagem de Eisenstein, pois esta acabou por enveredar bem fora dos princípios experimentais para outras searas: o neorrealismo e os cinemas novos (*Nouvelle Vague*, Cinema Novo brasileiro, por exemplo).

financiamento: no mais hipotético dos casos, um mecenas [...], uma fundação privada [...] ou um serviço público [...]; nos casos mais gerais, ele mesmo"[35].

De todos os casos apontados por Noguez, a Belair Filmes surgiu como uma produtora que se autofinanciou, pois o dinheiro para sua criação e atividade veio de fontes pessoais de todos os seus coprodutores e também de financiamento externo obtido através de créditos.

> Amparados pela renda obtida com o sucesso de *A mulher de todos*, pelo dinheiro que Helena Ignez vinha recebendo como atriz de teatro e por uma herança que chegou em momento propício para Bressane [...]. A proposta [da Belair] era de uma radicalização ainda maior no despojamento da produção e da realização. O que, no processo de industrialização crescente do cinema brasileiro [rumo] a Embrafilme, que propulsionaria a produção cinematográfica brasileira nos anos 1970, [a Belair] despertava no horizonte como um gesto de rebeldia inconsequente, molecagem, descompromisso amador[36].

Há aqui ressalvas a serem feitas: nem todo filme cujo realizador o denomina de experimental aplica tais mecanismos de *casting* supracitados. A penúria financeira de que falamos acomete muitos, mas salva alguns casos que, pelo pequeno número de exemplos, pensamos ser metodologicamente mais sensato não os colocar nessa lista. Também é necessário dizer que as categorias citadas podem apresentar casos que as excedam ou que podem se encaixar em mais de um deles. Outra característica no *casting* do ator nesses filmes experimentais pode ser de caráter bastante inefável: a sorte, a chance, o fortuito ou mesmo uma disponibilidade coincidente[37]

---

35 Dominique Noguez, *Éloge du cinéma expérimental, op. cit.*, p. 27. Dixon também nos lembra que, nas produções experimentais, os atores frequentemente são "amigos do diretor, ou talvez atores teatrais trabalhando nas franjas das artes da performance". Cf. Wheeler Winston Dixon, "Beyond Characterization: Performance in 1960s Experimental Cinema", *Screening the Past, op. cit.*

36 Ruy Gardnier, "A experiência da Belair: exceção ou regra?", in: *A invenção do Cinema Marginal*, Rio de Janeiro: Associação Cultural Tela Brasilis/Cinemateca do Museu de Arte Moderna do Rio de Janeiro, 2007, p. 36. Além dessas fontes, Bressane afirmou que "Severiano Ribeiro abriu um crédito para fazermos quatro filmes, dois em preto e branco e dois em cor. Deu negativo, laboratório, finalização, tudo" (Ruy Gardnier, *Júlio Bressane: trajetória*, São Paulo: Sesc SP, 2003, catálogo, p. 13).

37 Exemplo de *casting* de filmes feitos nessa categoria do inefável são os *screen tests* de Andy Warhol e a parceria entre Warhol e Jack Smith, que gerou o filme *Normal Love* e seu *making of*, produzido por Warhol. Os casos devem ser muitos, mas a falta de estudos sobre isso nos deixa totalmente à mercê de relatos fragmentados na teoria do cinema experimental.

que somente uma pesquisa genética de cada um desses filmes poderia solucionar — trabalho hercúleo.

Já pertence à teoria e à história do cinema o assombro que o neorrealismo italiano causou à crítica quando justapôs, nos filmes produzidos no final e após a Segunda Guerra Mundial, atores profissionais e não atores, dando nome ao que André Bazin chamou de o "amálgama dos intérpretes". Aqueles diretores (Rossellini, De Sica, Visconti, entre outros) justapuseram atores profissionais interpretando papéis e elementos humanos de outras ordens — atores "ocasionais", pessoas da comunidade perfazendo tarefas cotidianas — numa "lei do amálgama" que pode, por um lado, nos impressionar pelos resultados e, por outro, nos intrigar pela sua genética. Bazin acreditava que o realismo social no cinema não deveria, necessariamente, ser imposto pela ausência de atores profissionais, "porém, [pel]a negação do princípio da vedete e a utilização indiferente de atores profissionais e atores ocasionais"[38]. Em filmes como *A terra treme*, *Ladrões de bicicleta* e *Paisà*, entre tantos outros, os elementos humanos que não são atores profissionais são escolhidos pelo fato de apresentarem: (a) uma gestualidade característica necessária à trama; (b) compleições faciais e físicas que nos remetem à "tipagem eisensteiniana"[39], perfazendo ações que pertencem à intriga desses. De uma segunda ordem de

---

38 André Bazin, "Pintura e cinema", in: *O que é o cinema?*, São Paulo: Cosac Naify, 2014, p. 240.
39 Muito similares nas suas funções estilísticas, o *typecasting* hollywoodiano e a tipagem soviética foram tradições de procedimentos construtivos de "tipos", ou seja, de um *casting* de atores próximos de indivíduos e arquétipos em Hollywood (a empregada doméstica negra, o negociador judeu, o policial irlandês etc.) e mais representativos de uma classe social ou de agentes ou movimentos históricos no exemplo soviético (o burocrata do governo, o capitalista ganancioso, o soldado da guarda do czar, o grevista etc.). Cf. David Bordwell; Kristin Thompson, *Film Art: An Introduction*, Nova York/Londres: McGraw-Hill, 2001, p. 172. Já Brenez credita à tipagem um empobrecimento das capacidades do ator, que tem que engendrar o processo de sentidos de seu trabalho em função de suas aparências corporais, opondo-se ao ator pleno, rico de potencialidades. O ator, então, se reduz a aparências, reutilizando sua imagem em função de arquétipos predominantes, em que o particular só se faz presente quando ele efetiva um sentido de pertencimento geral. Cf. Nicole Brenez, *De la figure en général e du corps en particulier: l'invention figurative au cinéma*, Louvain-la-Neuve: De Boeck, 1998. Aumont cita a tipagem como uma preponderância de uma ênfase à "máscara social" do ator, uma conformidade construída, genérica, catalogável, um emblema ligado ao caráter anônimo do rosto, que não pertence a um indivíduo: "ela não nos remete a um indivíduo, mas a uma categoria, moral, psicológica ou, mais frequentemente, social". Cf. Jacques Aumont, *Du visage au cinéma*, Paris: Éditions de l'Étoile/Cahiers du Cinéma, 1992, p. 66.

escolha por atores não profissionais está a lógica inaugurada por Robert Bresson e retomada depois por outros cineastas (Jean-Marie Straub e Danièle Huillet, Luc e Jean-Pierre Dardenne, Bruno Dumont, Pedro Costa), que visa tirar os atores "ocasionais" do seu ambiente, despi-los de seus gestos naturalistas para introduzi-los num lugar em que tudo difere do seu ambiente social e no qual eles se moverão de maneira engessada, abertamente desconfortável.

O que acontece no cinema experimental, contudo, é de uma terceira ordem, mais "anômala" e radical. Os atores surgem aqui como elementos quase intrusivos, pertencendo à ordem "real" do incontrolável, não sendo produto de qualquer escolha de *casting* arquitetada pela produção no que tange a suas compleições físicas ou faciais ligadas aos princípios tradicionais de beleza. Enquanto nos cinemas naturalistas-realistas o rosto do ator é arregimentado por questões cosmomórficas, expressando sentidos que vão além de seus componentes aspectuais, o rosto do ator experimental não possui essa urgência de ser algo além dele mesmo: ele é um exemplo banal e cotidiano dentre vários outros. Não há uma tendência a transformar o ator experimental em protótipo de coisa alguma, a não ser o de sua individualidade (algumas vezes) anônima, comum e (quase) invisível.

Na busca pelo sublime do corpo do ator, ao contrário do rosto como "estado absoluto da carne"[40] e destituído de qualquer traço que deponha contra sua beleza magnética, existe um cinema que glorifica o antigalantismo, a antibeleza e a corja, que enfatiza o pútrido, o sujo, o esfarrapado, o disforme e o decadente. Poderíamos até falar sobre o oposto da ideia de fotogenia de Jean Epstein, mas o conceito do teórico e cineasta francês, sempre primando pelo evanescente e inefável do termo, não nos permite traçar uma antinomia que seja frontal à sua teoria: resta-nos dizer que a fotogenia nos envia a conceitos "positivos", de "intensidade", um cinema como "revelação" em que a majoração do referente, através do *close*, adiciona qualidades

---

40 Roland Barthes, *Mitologias*, Rio de Janeiro: Bertrand Brasil, 2001, p. 47.

ao rosto[41]. Caráter, portanto, bastante distante desse sublime corporal do ator experimental[42], que encontra nesses filmes um distanciamento da "aceitação embellecida do cotidiano", proposta por Waly Salomão[43], ou, nas palavras de Artaud: "Assim a verdadeira beleza não impressiona nunca diretamente. E o sol é belo no ocaso por tudo o que nos faz perder"[44].

A partir desse conceito de Epstein, pode-se dizer que Helena Ignez empreende no seu jogo atoral experimental uma relação antinômica com a fotogenia positiva ou o "embellecimento": uma deliberada atitude dos cineastas e da atriz de destituir seu corpo e rosto de procedimentos fílmicos que pudessem enfatizar suas partes plasticamente notáveis. Assim, apesar de ser uma mulher bonita e sensual, Helena raramente tem seus atributos físicos valorizados nos filmes de Bressane e Sganzerla. Ao contrário, ela aparece sempre com o rosto desgrenhado, cabelos revoltos, maquiagem exagerada e corpo instável, ziguezagueante, febril. Por vezes, é esnobada pelos homens em favor de outros homens. Os filmes da Belair subvertem, assim, uma das regras mais estabelecidas do cinema, desde o primeiro cinema mudo até as produções contemporâneas, sejam elas americanas ou europeias: a busca pela fotogenia, sobretudo das atrizes[45].

Seria pertinente dizer até que Ignez, pelas suas escolhas profissionais e pelo caráter marcadamente experimental de seu trabalho nessas fases do Cinema Marginal e da Belair, não dá muita importância à manutenção da beleza à qual muitas mulheres se

---

41 Cf. Jean Epstein *apud* Jacques Aumont, *Du visage au cinéma*, op. cit. Para mais leituras sobre o conceito de fotogenia, ver Jean Epstein, "The Essence of Cinema/For a New Avant-Garde", in: P. Adams Sitney (org.), *The Avant-Garde Film: A Reader of Theory and Criticism*, Nova York: Anthology Film Archives, 1987, pp. 24-30. E também Jean Epstein, "Bonjour cinéma", in: *Écrits sur le cinéma — Tome I*, Paris: Seghers, 1974, pp. 71-104.

42 Contudo, no capítulo que trata do rosto do ator nos cinemas modernos, Aumont (*ibidem*, p. 162) diz que o momento-ápice da fotogenia, onde o tempo se imobiliza, é o instante fatal do clique do fotogênico. No modo contemplação de rosto, essa parada do tempo é propícia também, de maneira sempre incontrolável, à aparição da careta, do feio, do abjeto, do obsceno ou, pior, da perda da forma humana.

43 Cf. Waly Salomão, *Me segura qu'eu vou dar um troço*, São Paulo: Companhia das Letras, 2016, p. 112.

44 Antonin Artaud, *O teatro e seu duplo*, Lisboa: Fenda Edições, 1996, p. 70.

45 Pedro Maciel Guimarães, "Helena Ignez: ator-autor entre a histeria e a pose, o satélite e a sedução", in: VII Congresso da Abrace (Associação Brasileira de Pesquisa e Pós-Graduação em Artes Cênicas), 2012, Porto Alegre. *Tempos de memórias: vestígios, ressonâncias e mutações (Anais)*.

devotam e que é uma espécie de mantra para as atrizes profissionais. Pelo contrário, o que se nota em boa parte de sua carreira é uma espécie de fuga das "obrigações do estrelato"[46]. É notória a hostilidade ou pouco caso de Ignez, no Cinema Marginal[47] ou fora dele, em relação às imposições ou ditaduras que pesam sobre o corpo do ator no cinema: harmonia de traços, magnetismo do rosto e um cuidado especial com vestimentas e maquiagem. Sempre que podia, ela encontrava uma brecha nos filmes para mostrar seu lado menos apegado às opressões por uma imagem impecável: nos planos matutinos no quarto de dormir em *A grande feira* (Roberto Pires, 1961), em quase todas as cenas de *O grito da terra* (Olney São Paulo, 1964), nos trajes de uma religiosa reclusa em *São Jerônimo* (Júlio Bressane, 1998), como Cabíria em *A encarnação do demônio* (José Mojica Marins, 2008) e na pele da dona da pousada onde se hospeda o protagonista de *Hotel Atlântico* (Suzana Amaral, 2009).

A fealdade fotogênica

Michel Bernard[48], ao elaborar uma descrição do ator para falar do agenciamento do corpo, fez uma pragmática da atuação corporal que levava em conta sete diferentes operadores, sendo que o primeiro — e aquele que mais nos interessa aqui — era uma "extensão e a diversificação do campo da visibilidade corporal (nudez, mascaramento, deformação etc.), em suma, de sua iconicidade". É dessa desarmonia de traços, à qual alude Bernard, que o corpo do ator experimental se aproxima. Essa "mostração" do corpo disforme faz parte da história do cinema, agregando-lhe uma qualidade negativa, como assinala Canevacci[49]: "A deturpação das proporções faciais e corporais, de modo geral, deve ter imprimido publicamente as leis da assimetria, na medida em que se trata de uma evocação antagônica do primitivo, do arcano, do torpe, do satânico, do ridículo [...]".

---

46 *Ibidem*.
47 Ou talvez das primeiras vanguardas estéticas do século XX, como o dadaísmo, com sua afronta às noções tradicionais de beleza.
48 Michel Bernard, "Quelques réflexions sur le jeu de l'acteur contemporain", *Bulletin de Psychologie*, Paris: 1985, n. 370, tome XXXVIII, p. 422.
49 Massimo Canevacci, *Antropologia do cinema*, São Paulo: Brasiliense, 1984, p. 91.

Longe de afirmarmos que o agenciamento do corpo na história do cinema foi sempre nessa vertente místico-antropológica de Canevacci, atribuindo ao corpo disforme elementos maniqueístas do mal[50], o que se pretende afirmar aqui é a simples constatação de que a exibição do corpo do ator em outros moldes, que fogem do vedetismo e dos estrelatos hollywoodianos, existiu para atestar essa outra "verdade" ou uma estética experimental *per se*: uma obsessão (fetiche?) pela função crítica que a representação da escória — a "escória intratável" de Debord — possa sugerir: "o sal da terra, de gente sinceramente pronta a pôr fogo no mundo para que ele tenha mais brilho"[51]. Se o cinema como instituição de produção industrial revelava o enorme valor plástico que sempre atribuiu ao ator, no cinema experimental essa lei é deslocada para outros campos.

Um deles pode ser uma atração por valores como o cafona, o *camp* e o *kitsch* no agenciamento do elemento humano nos cinemas experimentais: "O 'cafona' é a reelaboração, que aparece como excessivamente marcada, de determinados padrões de beleza ou procedimentos estéticos"[52]. Há, no elemento humano arregimentado para esses cinemas experimentais, uma certa verve transgressiva em relação aos princípios do que tradicionalmente se chama de "belo". Nessas aparições de atores que Jairo Ferreira[53] nomeou de experimento tragiteratológico, a regra se tornou então trocar o edificante pelo degradante, um horror tipológico engendrado por uma inusitada "valorização da forma, o tratamento aos personagens [e] a utilização do mau gosto como um elemento necessariamente de bom gosto"[54].

Nacache nos lembra que a beleza como valor significante, como valor de afirmação, teve um certo declínio após o período clássico do cinema, e rostos como de Greta

---

50 É também nessa vertente místico-antropológica que Barthes nos oferece a descrição de um lutador de "catch", Thauvin, que, pela sua aparência repulsiva, foi alçado ao eterno papel de perdedor e de vilão das lutas: a fealdade como signo. Cf. Roland Barthes, *Mitologias*, *op. cit.*, pp. 12-3.
51 Debord apud Nicole Brenez, *De la figure en général e du corps en particulier: l'invention figurative au cinema*, *op. cit.*, p. 266.
52 Fernão Ramos (org.), *História do cinema brasileiro*, São Paulo: Círculo do Livro, 1987, p. 131.
53 Jairo Ferreira, *Cinema de invenção*, São Paulo: Limiar, 2000.
54 Depoimento de Rogério Sganzerla no filme *Mr. Sganzerla: os signos da luz* (Joel Pizzini, 2011).

Garbo, Audrey Hepburn ou de atores como Montgomery Clift e James Dean hoje parecem mais afluir de um Olimpo de Deuses do que da esfera humana[55]. Para a autora,

> O cinema acha difícil não filmar a beleza humana. É verdade que nunca renunciou à ideia romântica de uma estética do feio, que lhe oferece os maiores recursos plásticos: de Emil Jennings a Peter Lorre, de Michel Simon a Edward G. Robinson, a história dos filmes é pontuada de atores dotados de uma fealdade fotogênica[56].

É notório o fato de que os cinemas modernos pós-guerra, da *Nouvelle Vague* aos cinemas "novos", ainda proveem pouco direito à fealdade, o que Nacache chama de escravatura da beleza, típica do cinema industrial[57]. Houve uma pequena evolução, contudo, e marcadamente cineastas inovadores, como Robert Bresson, Jack Smith, Wim Wenders e Bruno Dumont desinteressaram-se pelo estatuto inquebrantável da beleza e "viraram-se para atores mais fora das normas, mais surpreendentes", para um "repertório de rostos irregulares e apaixonantes" em que "o bonito e o *glamour* já são passado; a pele reencontrou a sua irregularidade, os traços a sua variedade, os corpos a sua geometria variável"[58]. Deslocou-se, então, para estratos outrora arregimentados para as franjas dos primados da beleza, em que os valores *camp* foram enfatizados: a androgenia, o exagero ou a atenuação de características físicas tidas como epítomes da beleza, o travestismo ou um divinismo caricatural de atores e atrizes.

---

55 A autora mescla, no entanto, dois tipos de beleza, construídos por meios diferentes e com resultados diversos, haja vista que a beleza dos atores oriundos dos métodos e pós-anos 1950 se apresentava de uma maneira menos aurática que a dos atores e atrizes dos períodos anteriores.
56 Jacqueline Nacache, *O ator de cinema*, Lisboa: Texto & Grafia, 2012, p. 46.
57 Se o corpo do ator ascende a um patamar de aceitabilidade para públicos tão vastos no cinema de fatura industrial, é em razão de algo que o capacita para tal: um padrão de homogeneidade, equilíbrio e desejo que tem sido incansável objeto estético do mundo da moda, da publicidade, da saúde pública, de um certo ideal coletivo de saúde corporal ligado tanto a um modelo orgânico (norma) quanto a uma questão mais abrangente e maleável, o ideal da beleza (forma). E nesse ideal de beleza, marcado por corpos masculinos viris, mas que poderiam ser caracterizados como os do homem comum, e corpos femininos longilíneos, ágeis, "hieráticos e de aura romântica" (Jean-Loup Bourget, *Hollywood, la norme et la marge*, Paris: Armand Collin, 2005, p. 145) e ferozmente produzidos por uma ideia eugênica de perfeição, o corpo deformado, feio ou o ser humano que não se conforma com os padrões de aceitabilidade da indústria de massa são relegados a segundo plano ou retirados totalmente de cena, pelo menos fora das hostes experimentais.
58 Jacqueline Nacache, *O ator de cinema*, op. cit., p. 46.

Os exemplos supracitados da categoria de antibeleza são vários e estão em muitas classes do insólito nos processos de *casting*. Eis alguns: o gigantismo das formas de Wilza Carla em *Os monstros de Babaloo*; de Jô Soares em *Hitler, 3º Mundo* (José Agrippino de Paula, 1968) ou de Winifred Bryan em *The Queen of Sheba Meets the Atom Man* (Ron Rice, 1982) e o seu acintoso reverso com Zezé Macedo também em *Os monstros de Babaloo*; de Divine na leva de primeiros filmes de John Waters (*Mondo Trasho*, 1969, e *Pink Flamingos*, 1972); o corpo esquálido entre a vida e a morte de Conrad Veidt em *O gabinete do Dr. Caligari* (Robert Wiene, 1919) e de Max Schreck em *Nosferatu* (Friedrich W. Murnau, 1922); o correlato português do mítico vampiro, o dândi e despudorado João César Monteiro nos filmes da trilogia — dirigida pelo próprio Monteiro — do personagem João de Deus (*Recordações da Casa Amarela*, 1989; *A comédia de Deus*, 1995; *As bodas de Deus*, 1999); o esfarrapado animalizado de Lourival Pariz em *Gamal, o delírio do sexo* (João Batista de Andrade, 1970); a travesti desdentada retocando o batom em *Flaming Creatures* (Jack Smith, 1963); o detalhe de uma boca com falhas dentárias ou dentes enegrecidos em *Ghosts before Breakfast* (*Vormittagsspuk*, Hans Richter, 1928); o exibicionismo grotesco da falta de dentes, simulada com maquiagem exagerada em *Chafed Elbows* (Robert Downey, 1966); do raquitismo de Jorge Loredo em *Sem essa, Aranha* e *Abismu* (Rogério Sganzerla, 1977).

Essa lista estende-se por muitas outras citações, mas ressalta-se aqui que, diferentemente da antibeleza, há também a categoria do corpo deformado, que pode encontrar nos *castings* experimentais uma presença profícua. Além do cinema, o teatro também já se viu no dilema de ter que escolher entre mitigar a deformidade do ator ou, ao contrário, torná-la excessivamente visível para o público[59]. Nesses casos, em que ator e personagem possuem alguma deformação física, alguns filmes (e peças de teatro) experimentais tentaram inserir o ator deformado em uma ambiência onde não era sua deformidade o centro das atrações, mas o entorno dela:

---

59 Gérard-Denis Farcy nos descreve a história do ator Raimund Hogue, corcunda, que não tinha qualquer pudor em expor sua saliência lombar. Cf. o verbete sobre o ator com deformação em Vincent Amiel *et al.* (orgs.), *Dictionnaire critique de l'acteur: théâtre et cinéma*, Rennes: Presses Universitaires de Rennes, 2012.

tramas em que o grande nó dramático se dava em torno de questões como aceitação, preconceito e inclusão. Há, obviamente, as questões que o corpo deformado suscita e que os cinemas experimentais tentaram tematizar: uma atração mórbida pelo corpo do ator, um voyeurismo incontrolável, repulsa ou até compaixão[60].

△ Zezé Macedo em *Os monstros de Babaloo*.

O corpo deformado do ator pode ser resultado do processo de fusão física entre ator e personagem, que pretende consolidar a ideia do amálgama físico total entre essas instâncias pelo fato de que o elemento humano (ator profissional ou não) se torna indissociável do personagem por possuir determinada condição física — condição essa que determina a escolha do ator/atriz para o filme. Assim, a característica física do ator se torna condição *sine qua non* para a existência do personagem. Alguns filmes do Cinema Marginal (mas não somente eles) trabalharam nessa estética:

---

60 *Ibidem*.

a babá (creditada no filme como Dona Yolanda) com arqueamento agudo das pernas, causando dificuldade de locomoção, em *Os monstros de Babaloo*. Há também elementos humanos nesses filmes que não pertencem *ipsis litteris* aos seus elencos, mas que poderiam ser exemplos das categorias da antibeleza ou de condições "especiais" aqui preconizadas: o nanismo presente em *O bandido da luz vermelha*, *Monstros* (*Freaks*, Tod Browning, 1932) e *Hitler, 3º Mundo* seria um deles. Na ambiência desses filmes, elementos grotescos promovem uma distorção da aparência exterior desses personagens, produzindo ora o drama humano (como em *Monstros*), ora a caricatura ou a sátira, em alguns filmes do Cinema Marginal e da Belair.

Há nessa escolha pelo corpo decadente, nessa aparência do feio e do grotesco, uma proposta estética dos filmes experimentais para instalar uma nova modalidade de essência do corpo do ator no cinema, uma nova ordem de aparição, em que outros valores são a moeda de troca: uma nova proposta de pensar a imagem cinematográfica que veio da ambiência estético-ideológica da contracultura, com uma ideia de marginalidade e clandestinidade que afrontavam valores reinantes na ótica estética burguesa e com seus relatos de personagens que perfaziam uma ácida crônica de um outro mundo, isto é, um submundo "lumpendelirante"[61] ou uma "denúncia global da alma e do corpo subdesenvolvido"[62]. Havia uma urgência pela experimentação no *casting* desses filmes, com essa inclinação para o teratológico, e uma sequiosa vontade de se "conhecer uma beleza que passa primeiro pelo feio", nas palavras de Caetano Veloso[63].

É também de Caetano a proposição de um pensamento sobre o novo que povoava a produção artística brasileira entre 1967 até meados dos anos 1970, com a introdução dos termos que criaram o pensamento tropicalista nas artes. Toda essa efervescência cultural tinha uma matriz que parecia difusa anteriormente ao Cinema Novo, mas

---

61 Cf. Waly Salomão, *Me segura qu'eu vou dar um troço*, *op. cit*. Também sobre uma crônica do submundo nos filmes de Rogério Sganzerla, cf. Roberta Canuto (org.), *Rogério Sganzerla: encontros*, Rio de Janeiro: Beco do Azougue, 2007.
62 Miriam Alencar, "As promessas do tédio e da coragem", *in*: Roberta Canuto (org.), *op. cit.*, p. 15.
63 Cf. Zuenir Ventura, *1968: O ano que não terminou*, Rio de Janeiro: Nova Fronteira, 1988, p. 30. Essa citação de Caetano Veloso vem dos comentários à época em que ele interpretou a canção *Coração materno*, de Vicente Celestino, tida por muitos como um "monumento ao mau gosto".

que depois se fez mais lúcida e impactante: os primados da antropofagia oswaldiana, ou seja, um grupo de interesses de ordem estética que passava por um apurado sistema de inversões, em que o interesse maior era "deglutir" os influxos estéticos de um certo *establishment* cultural, com seus primados de "beleza", "bom gosto", "classificações e sistematizações", com seus princípios de uma estagnação e seriedade que atingiam em cheio as artes. Para a antropofagia oswaldiana, o importante era demolir essa "seriedade" congelante, incitar o novo nas artes, sugerir "acordes dissonantes", "uma abertura para o avesso, do outro lado [...], totalmente descomprometido com o sistema, [...] uma tradução prática de todos esses problemas"[64] sobre os quais se discutia na época: o grosso (o cafona) e o fino, a bossa e a roça, o belo, o feio e o grotesco.

Assim, diante da penúria financeira já aludida ou da exclusão institucional e da iniciativa privada que assola produtores-diretores do cinema experimental, a palavra de ordem do processo de *casting* é somente uma: criatividade. E muitas produções independentes e experimentais levaram-na a um estado tal de anarquia biotipológica que só uma descrição pormenorizada irá dar conta de qual tipo de elemento humano está presente nesses filmes. As duas categorias de *casting* que este livro propõe descrever revolvem temas sobre engajamento dos atores (ou não atores, *performers*, atores ocasionais, corpos societais) em áreas como risco corporal, exposições corporais (consideradas) tabu, exposição à dor física e a dicotomia entre atuar e fazer, que torna o jogo do ator experimental propenso a dirimir as fronteiras codificadas entre cultura e biologia.

---

64 As citações com aspas nesse parágrafo vêm de termos e fragmentos da entrevista de Caetano Veloso e Gilberto Gil a Augusto de Campos em *Balanço da bossa e outras bossas*, São Paulo: Perspectiva, 1974, pp. 141-207, notadamente nos capítulos "O passo à frente de Caetano Veloso e Gilberto Gil"; "A explosão de *Alegria, alegria*"; "Viva a Bahia-ia-ia!"; "Informação e redundância na música popular"; "Conversa com Gilberto Gil" e "Conversa com Caetano Veloso".

Os limites do corpo

Esta categoria do *casting* experimental nos leva a outra questão emblemática de tais filmes: qual ator estaria efetivamente engajado, estética ou eticamente, em produções que apresentam cenas de parto, aborto, vômito sendo provocado, corpos mutilados, figurações (auto)destrutivas (castrações, por exemplo), niilistas ou iconoclastas (chafurdar no lixo, canibalismo, coprofagia, estupro, atividades eróticas explícitas), risco de prisão, tortura — ou até mesmo risco de assassinato —, participando de produções em períodos de ditaduras violentas, de guerras ou filmando em zonas de conflito militar, com cenas em que os atores deambulam a esmo nas ruas de uma cidade e conversam com transeuntes em ações que, *grosso modo*, chamaríamos de *performance art*?

Talvez pudéssemos enumerar — nessas questões estéticas ou éticas que se tornam problemáticas para a inclusão de um profissional no processo de *casting* de um filme — o programa gestual dessas obras, o que o ator terá que efetivamente fazer no que concerne a uma estrutura mínima da personagem na trama e uma microestrutura retórica dos gestos nas encenações, mas essas preocupações parecem, se não ausentes, bem menos controversas em relação àquelas elencadas no parágrafo anterior.

Nesse problema de *casting* (seria problema ou percalço?), no que tange ao limite do corpo do ator, há duas categorias que são as bases classificatórias para sabermos quais procedimentos foram aqueles que levaram ao limite do corpo a sua presença no cinema: o fazer ou o atuar. Alguns teóricos já falaram sobre a ética do ator (e a ética referente à sua arte propriamente dita) e sobre como, em cada tempo de ideias[65], ele era tratado, recebido e aceito nas sociedades.

Um desses limites, que tem a ver com a fronteira do corpo do ator, é a dicotomia entre atuar (cultura) e fazer (biologia ou o corpo do ator). Agamben, citando Aristóteles, afirma que, numa passagem famosa da *Ética a Nicômaco*, ele opõe os termos *atuar*

---

65 Cf. William Worthen, *The Idea of the Actor*, Princeton: Princeton University Press, 1984. Worthen marca, em certo grau, os limites metodológicos e éticos que o ator impunha em cada povo ou sociedade, deslocando seu centro de preocupações de questões como representar, ser, mimetizar, apresentar, aproximar, distanciar etc.

(*poiesis*) e *agir* (*práxis*) para falar daquele que cria a obra, mas não a encena[66]. O que Agamben quer dizer é que pode haver espaço para um terceiro gênero de ação, isto é, um gênero de presença atoral que não leva em conta a dicotomia enclausuradora de retórica e natureza. Os atores experimentais não levam em conta, ou o fazem de maneira muito particular, questões de atuar em um filme que coloquem em risco as suas vidas, sua saúde ou integridade física. Algumas das categorias de atores já elencadas efetivamente atuam e fazem ao mesmo tempo, rompendo a dicotomia aristotélica e impondo uma leitura dos seus jogos atorais absolutamente nova, subversiva e poética.

Seguindo o aforismo de Nicole Brenez, em *Cinémas d'avant-garde*, "o cinema possui essa potência de reconfigurar inteiramente nossa experiência, de contestar nossas posturas, nossos hábitos perceptivos, nossas crenças"[67]. Assim, nessa plêiade de corpos expostos à exaustão, com seus atributos menos plasticamente recomendáveis, há uma outra linhagem de exibição corpórea voltada para a exploração e o aumento do campo da figuratividade cinematográfica. Aqui estamos falando dos filmes do cinema do corpo (segundo a acepção de Parente[68]), do cinema do candor voyeurístico (termo cunhado por Tyler[69]) ou do filme lírico, de acordo com Sitney[70].

Foi com a exposição corpórea da matéria orgânica, biológica, primitiva, animalizada, do corpo como puro gerador de vida (e de morte!) que cineastas como Stan Brakhage, Júlio Bressane e Rogério Sganzerla empurraram para um limiar a exposição do limite do corpo. O corpo aqui tem duas vertentes sugestivas: o corpo confrontando experiências limítrofes de vida e morte (fruto de movimentos incontestáveis da natureza ou impostos pelo próprio homem) e o corpo (auto)mutilado.

---

66 Cf. Giorgio Agamben, "Notes sur le geste", *Trafic: Révue de Cinéma*, Paris: 1991, ano 1, n. 1, pp. 31-6. Disponível em: <http://lemagazine.jeudepaume.org/2013/04/giorgio-agamben-notes-sur-le-geste/>. Acesso em: abr. 2020. Diz ele: "se o fazer [criar] é um meio para um fim e [dramatizar] um fim sem meios, o gesto rompe a falsa alternativa entre fins e meios que paralisa a moralidade e apresenta meios que escapam como o reinado de meios sem se tornar fins" (p. 35).
67 Nicole Brenez, *Cinémas d'avant-garde*, Paris: Cahiers du Cinéma/Les Petits Cahiers/Scérén-CNDP, 2006, p. 45.
68 Cf. André Parente, *Narrativa e modernidade: os cinemas não-narrativos do pós-guerra*, Campinas: Papirus, 2000.
69 Cf. Parker Tyler, *Underground Film: A Critical History*, Cambridge: Da Capo Press, 1995, pp. 37-8.
70 P. Adams Sitney, *Visionary Film: The American Avant-Garde*, Nova York: Oxford University Press, 1979, pp. 136-72.

Durante o nascimento de sua primeira filha, em 1959, Brakhage teve a ideia de filmar o parto e usou o material para compor o filme *Window Water Baby Moving*. A crueza das imagens do filme é de tal nível de arrebatamento e choque que a conclusão que se tira é que essa proposta da exposição do corpo biológico nos seduz exatamente por sua sinceridade acachapante. Os primeiríssimos planos — aqui, do corpo de sua esposa imediatamente antes do parto (e também colaboradora de alguns de seus filmes, Jane Brakhage) — são uma marca estilística que atravessa parte de sua cinematografia[71]. O parto de Jane Brakhage aqui é configurado de modo a nos dar uma ideia de registro documental de um acontecimento, registro este que, se tomado no conjunto da obra de Stan Brakhage, se torna obscuro, pois o próprio diretor afirmava que as indexações externas à sua obra (filmes de ficção, documentários, ensaios) se tornam desajeitadas, uma vez que ele mesmo rejeitava classificações tácitas. Assim, o parto de *Window Water Baby Moving* pode dialogar, pela porosidade de classificações, com o parto em *Crede-mi*, de Bia Lessa e Dany Roland (1996): se tomado dentro da diegese do filme, torna-se um registro documental dentro de um entorno majoritariamente ficcional, dirimindo em certo grau classificações tácitas do corpo do ator que atua e que efetivamente executa uma ação na tela[72].

Outra experiência do corpo confrontando experiências limítrofes, em campo oposto ao de Brakhage, é a não menos chocante encenação do aborto em *Barão Olavo, o horrível*. Produção mais do que típica dos radicalismos experimentais da Belair Filmes, aqui vida e morte são extremidades da mesma linha estética, pois resultados de um corpo que pode gerar vida ou ser resultado de torturas ou vícios plasticamente desconfortáveis. Nessa cena, Ritinha, a personagem da atriz Lilian Lemmertz, é

---

71 Para mudar a textura da imagem do sol na janela do quarto onde sua esposa estava em trabalho de parto, Brakhage usou a placenta recém-expelida como um inusitado filtro de luz. Esse procedimento atesta o nível de experimentalismo de Brakhage e uma urgência em estender as fronteiras do uso de material vivo, orgânico, no cinema (cf. P. Adams Sitney, *op. cit.*, p. 151). Isso talvez tenha sido a única experiência de uso de filtro desse material na história do cinema.

72 Fica também o registro de que uma outra cena de parto, um rápido plano em *Um homem com uma câmera* (Dziga Vertov, 1929), se distancia de algum modo das cenas aludidas aqui pelo fato de que no filme de Vertov não há resquícios de encenações claramente engendradas, o que em Brakhage e Lessa podem ter ocorrido.

forçada (bem, isso não está muito claro na "trama" do filme) a descontinuar dolorosa e grotescamente a gravidez de uma criança muito esperada. A estranheza do gesto da cigana-parteira (personagem da atriz Isabella) é de um total ineditismo, tal a violência do gesto contra o corpo da personagem — e, sinedoquicamente, corpo da mulher —, num arroubo de misoginia e tortura física poucas vezes vistos no cinema: corporeidade inacabada não pela gestação, mas pela tortura.

O corpo, nesses filmes tão diferentes e produzidos em países tão distantes, revela linhas de força estética muito próximas: a exposição do corpo biológico e suas carnes expostas, mostrando efetivamente ou sugerindo procedimentos que seriam puramente da esfera médica ou profissional, mas aqui oferecidos ao escrutínio escopofílico para o choque e a repulsa. Esses corpos expostos têm uma conexão próxima (de tão próxima, difícil de não ser ressaltada) com os primados do realismo grotesco de Bakhtin. O corpo seria, então, segundo o teórico russo[73], uma "corporalidade inacabada, aberta às ampliações e transformações, como na figura da mulher grávida. É o corpo da gestação, mas igualmente dos desdobramentos, dos orifícios, dos excrementos e da vitalidade".

A relação do ator experimental com as suas necessidades fisiológicas é outro campo de investigação que merece aprofundamento. Ao mesmo tempo que essas atividades são operadas num registro pouco edificante e graficamente nauseante, a própria inclusão de tais gestos em um filme reforça a quebra de contrato com uma proposta de apego sensório que se poderia ter com o espectador. Em um cinema no qual a lógica própria da sua existência é a expressão de estados extremos do comportamento e da alma[74], comer (e/ou vomitar), fazer amor, beber, defecar, urinar, babar, parir etc. são atos fisiológicos levados pelos atores experimentais a um limite gráfico da exposição, dando um aspecto brutal e desconfortável ao ato.

Em *Sem essa, Aranha*, em uma chave que pode ser conceituada como indecorosamente abjeta, a personagem de Helena Ignez está num cabaré qualquer no Rio

---

73 Cf. Muniz Sodré e Raquel Paiva, *O império do grotesco*, Rio de Janeiro: Mauad, 2002, p. 57.
74 Cf. Teixeira Coelho, *Antonin Artaud*, São Paulo: Brasiliense, 1982. Aqui, o autor liga esses estados exasperados da alma à figuração do ator no Teatro da Crueldade, do dramaturgo, ator e escritor francês Antonin Artaud.

de Janeiro. Em determinado momento da trama, sem que haja no nível da diegese qualquer indicação que sustente tal ação, a personagem vai até a janela do estabelecimento e, olhando para a cidade incólume, enfia o dedo na garganta e vomita com uma citação de Trótski em *voice over*.

△ *Sem essa, Aranha.*

A relação do gesto de Ignez pode ser lida como um questionamento violento à dicotomia entre atuar e fazer, evitando, segundo Ismail Xavier[75], a atuação maquinada e expondo o ato, como um dado de choque artaudiano. A personagem de Helena Ignez aqui não somente "figura" o ato do vômito; há algo mais a se dizer sobre o gesto. Se analisarmos com mais detimento, Ignez tenta vomitar desde o início da produção do gesto, quando está sentada à mesa dentro da boate, mais cedo na cena. O que sai da boca da atriz não é, então, mero líquido salivar, mas o resultado

---

75 Ismail Xavier, *Alegorias do subdesenvolvimento: Cinema Novo, Tropicalismo, Cinema Marginal, op. cit.*, p. 18.

de uma efetiva tentativa de produzir o vômito. A própria fatura do gesto, sua póetica, surge aqui como francamente opositora de uma ética do jogo atoral que tenha sido posta (ou imposta?) na tradição teatral e cinematográfica clássicas e que é calcada na simulação do gesto como princípio-motor. O que a atuação experimental desloca para o primeiro plano é a exposição da maquinação do gesto (o *trottoir* em *A família do barulho* é um exemplo) e, no caso do vômito em *Sem essa, Aranha*, a ênfase não na simulação, mas no aspecto biológico do jogo, expondo materiais orgânicos que seriam relegados ao desprezo pelos cinemas de fatura mais clássica: "Helena vai até o fundo do mal-estar físico, numa cena onde não é possível falsear a representação"[76].

O limite do corpo como elemento problemático do *casting* experimental nos leva a um campo bem mais minado de atuação, quando não é mais o personagem, nem a sua *persona* ou seu corpo como identidade do ator, mas sua integridade física que está em jogo. Aqui, o ator, em um ato que mistura ativismo político, trabalho atoral e experimentalismos, leva o seu trabalho ao limite entre vida e morte, quando participa de produções em que o filme já é, por si só, uma agressão a um Estado em tempos de ditadura militar. Uma série de atores e artistas de vários campos teve que correr riscos que resvalavam no quase suicídio para filmar nas ruas, aeroportos (em *A família do barulho*, *A mulher de todos*), entrevistando ou contracenando com transeuntes, participar de concertos musicais em locais abertos, escrever livros com temas censurados... Em suma, atuar profissionalmente nos tempos em que a liberdade era uma luz opaca no fim do túnel[77].

Nicole Brenez fez menção ao Grupo Cine de la Base que, sob a direção do heroico cineasta Raymundo Gleyzer, produziu no início dos anos 1970 meia dezena de filmes com a marca do risco, da vulnerabilidade da equipe de produção e da ousadia.

---

76 Pedro Guimarães, "Helena Ignez: ator-autor entre a histeria e a pose, o satélite e a sedução", *in*: VII Congresso da Abrace (Associação Brasileira de Pesquisa e Pós-Graduação em Artes Cênicas), *op. cit.*

77 Além de ter ido duas vezes ao aeroporto para participar de cenas-relâmpago em 1970, durante a fase mais repressora da ditadura militar no Brasil, Helena Ignez tem também no seu panteão de jogos subversivos uma cena ultraprovocadora em *Copacabana mon amour*: ela aparece com roupas ousadas na frente de uma viatura de polícia, usando o reflexo do vidro da janela lateral do carro para arrumar o cabelo.

Ele exibiu os filmes em locais de acesso à classe trabalhadora e até para classes sociais mais altas, afinal, segundo Gleyzer, com uma pitada de ironia, "É necessário que eles saibam como é a revolução" e acrescenta que, "para nós, a poesia não é um fim em si mesma. Para nós, a poesia é uma ferramenta para mudar o mundo. Temos que ser úteis, como a pedra que quebra o silêncio ou a bala que desencadeia a batalha"[78]. Eis uma lição para todos deixada pelo cineasta, que foi assassinado por membros da junta militar que comandava a Argentina em 27 de maio de 1976.

Atuar e viver: um cinema de sentidos

Sintomática dessa postura de ligação íntima entre vida e arte é a declaração dada por um outro cineasta, Carlos Reichenbach, que também militou no cinema experimental dos anos 1960 em diante sobre o modo como esses artistas — diretores, cenógrafos, atores e atrizes, escritores, produtores, poetas, pintores — enfrentavam o processo de produção de um filme ou de uma outra obra artística no meio de uma ebulição cultural estimulante no Brasil do final dos anos 1960, empacotada por uma violenta ditadura militar:

> O grande mérito deste cinema foi nunca separar arte da vida. A nossa vivência, a nossa experiência cotidiana, fazia parte da nossa dramaturgia. Todas as nossas experiências existenciais, ou seja, a soma de tudo, a música que a gente escutava, o ácido que você tomava, tudo estava lá presente. No fundo, você não conseguia separar o seu cotidiano, a sua experiência, a sua angústia, o que te incomodava no momento, a tua bebedeira [...]; você trazia aquilo à tona [...]: o teu desequilíbrio, a tua instabilidade, a tua insurreição política, a tua revolta, está tudo lá![79]

---

78 Nicole Brenez, "Are We the Actors of Our Own Life? Notes on the Experimental Actor", *L'Atalante, op. cit.*, p. 65.
79 Depoimento do cineasta Carlos Reichenbach dado ao Projeto Ocupação Rogério Sganzerla, em 2010. Disponível em: <https://www.youtube.com/watch?v=NswOPsM3D-4>. Acesso em: abr. 2020.

A última categoria de *casting* do ator experimental carrega em si um paradoxo: se os atores estiverem em uma produção em razão da fealdade fotogênica ou do limite do corpo, certamente compromissos com a produção cinematográfica, com o diretor--produtor ou com um tipo de amor maior ao cinema estarão envolvidos. No entanto, essa equação talvez não seja assim tão clara e exata como se pensa. Nem todos os filmes que apresentam atores com uma veia para a experimentação foram produções precárias ou baseadas em compromissos pessoais, artísticos ou acadêmicos.

As relações de amizade, casamento, identidade artística e trabalhos institucionais e acadêmicos foram a razão para a existência de uma gama gigantesca de filmes, elencados na vasta maioria de trabalhos teóricos sobre o cinema experimental. P. Adams Sitney[80] cita a parceria do casal Maya Deren e Alexander Hammid na produção de um filme que é marco na história da vanguarda americana: *Meshes of the Afternoon* (1943).

Outro tipo de parceria que pode gerar filmes com alto teor inventivo é o tipo institucional, em que um realizador encontra ambiente e disponibilidade técnica e humana para produzir num ambiente acadêmico, por exemplo. Foi o que aconteceu com o artista vanguardista e cineasta Sidney Peterson que, no final dos anos 1940, na Workshop 20 (oficinas com alunos na California School of Fine Arts), produziu filmes com os seus alunos, durante os cursos que lá ministrava[81].

Caso extremo de amor à atuação relacionada com uma identidade artística com diretores experimentais é o caso do *performer*, ator e escritor Taylor Mead que, durante e depois da geração *Beat*, esteve presente em vários filmes que fizeram história no *underground* americano, misturando performatividade, teatralidade e uma alta sensibilidade estilizada, trazendo para suas atuações chaplinescas uma infantilidade meio angelical[82]. Podemos citar, além de *The Flower Thief* (comentado ante-

---

80 P. Adams Sitney, *Visionary Film: The American Avant-Garde*, op. cit., pp. 3-19. A leitura de Sitney foi bastante combatida e questionada depois. As críticas, a partir dos anos 1970, questionavam a sua misoginia ao querer dividir o mérito do filme com Hammid. Embora o filme seja efetivamente assinado pelos dois, muitas leituras dizem que ele se insere plenamente dentro da obra autoral de Deren.
81 *Ibidem*, p. 65.
82 Cf. Wheeler Winston Dixon, "Beyond Characterization: Performance in 1960s Experimental Cinema", *Screening the Past*, op. cit.

riormente), *The Queen of Sheba Meets the Atom Man* (Ron Rice, 1963) e *Lonesome Cowboy* (Andy Warhol, Paul Morrissey, 1969).

Na Belair Filmes, havia um compromisso com o cinema que era uma mescla de empreitada estética, com pitadas de aventura, em que cada filme era um processo catártico único. Alguns dos atores e atrizes que estiveram nesses filmes diziam que filmar era muito mais do que seguir ditames de um papel. Era uma aventura de cocriação, em que o cineasta dava espaço ao ator para improvisar até o esgarçamento do plano, até o seu mais alto nível de saturação, conduzindo o filme para o inesperado, para um novo repertório de ideias e para o frescor do momento do gesto. Então, surgia no espraiar do plano, na justaposição dos gestos do ator, momentos de absoluto frescor, vindos do local mais recôndito de sua memória, gestos de sua vida cotidiana e de suas memórias e de seus afetos e vivências: filmar se torna uma experiência muito mais intensa de vida e, para muitos desses atores e atrizes, foram experiências inesquecíveis. Filmar, dançar, atuar, escrever, pintar era uma reafirmação de um binômio comum de todos os artistas do período.

O ator que se mutila ou que se permite mutilar faz parte do programa estético do cinema experimental, percorrendo uma linha de procedimentos que remonta aos vanguardistas europeus dos anos 1920, como em *Um cão andaluz* (Luis Buñuel e Salvador Dalí, 1929), passando por cineastas do cinema experimental americano e do Cinema Marginal brasileiro, como em *The Way to Shadow Garden* e *Reflections on Black* (Stan Brakhage, 1954 e 1955) e *Amor louco* (Júlio Bressane, 1971). Essa linha de força estética do ator empurra para um espaço fronteiriço os estatutos da figuratividade do corpo. O cinema da (auto)mutilação está num grupo maior que nomearemos aqui de cinema dos sentidos.

Em *Reflections on Black* e *Um cão andaluz*, o corpo do ator é o corpo mutilado pelo dispositivo fílmico, só que por vias diferentes: no filme de Buñuel e Dalí, através da figura do próprio diretor, que corta o olho da atriz (na verdade, de uma cabra), e no filme de Brakhage, a mutilação surge no suporte filmográfico através de arranhões e interferências na película. Esses filmes abrem uma visada teórica para a instalação do cinema dos sentidos, que quer problematizar o próprio ato da visão do ator (e, por consequência, o nosso!), o ato de que o cinema é primordialmente uma arte da visão. No entanto, esses filmes questionam essa visão, numa tentativa de dizer que o material e o conteúdo parafílmico (com o ator, ou uma cabra, sendo usado como objeto) estão como que sob suspeição, sob litígio.

Em *Reflections on Black*, a mutilação ainda surge como uma interferência do diretor. Mas, ao contrário do filme de Buñuel e Dalí, em que o diretor marca presença efetiva, também como ator, no ato da mutilação, instalando uma espécie de assinatura da obra ao atuar em um papel específico, Brakhage a opera numa outra ordem: interferindo na película, forma indireta e alegórica de "interferência" do diretor (e, por conseguinte, da enunciação), num ato que pode ser considerado de autoconsciência fílmica no seu limite mais brutal.

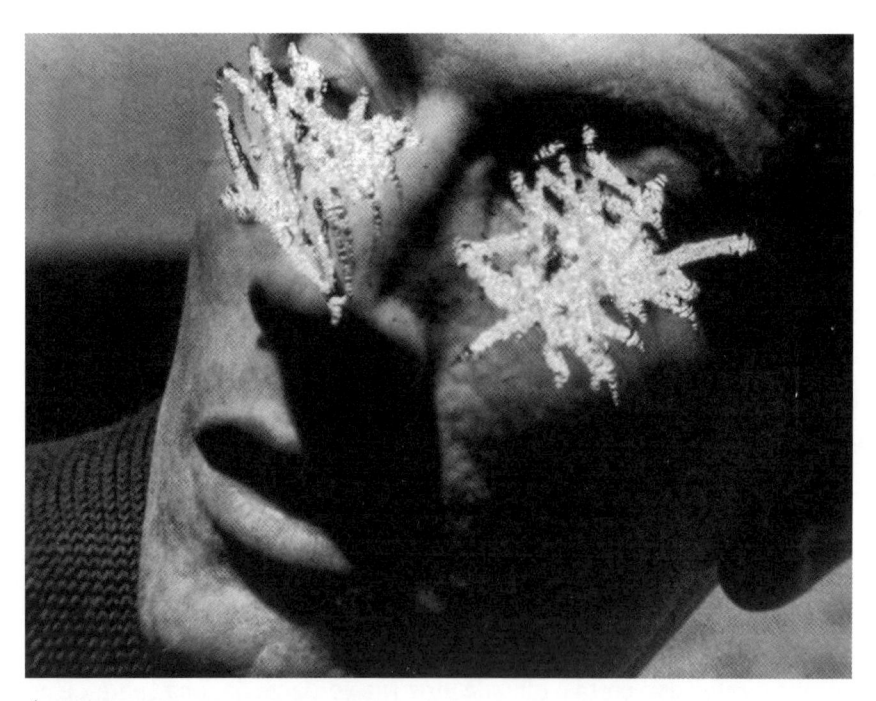

△ Don Redlich em *Reflections on Black*.

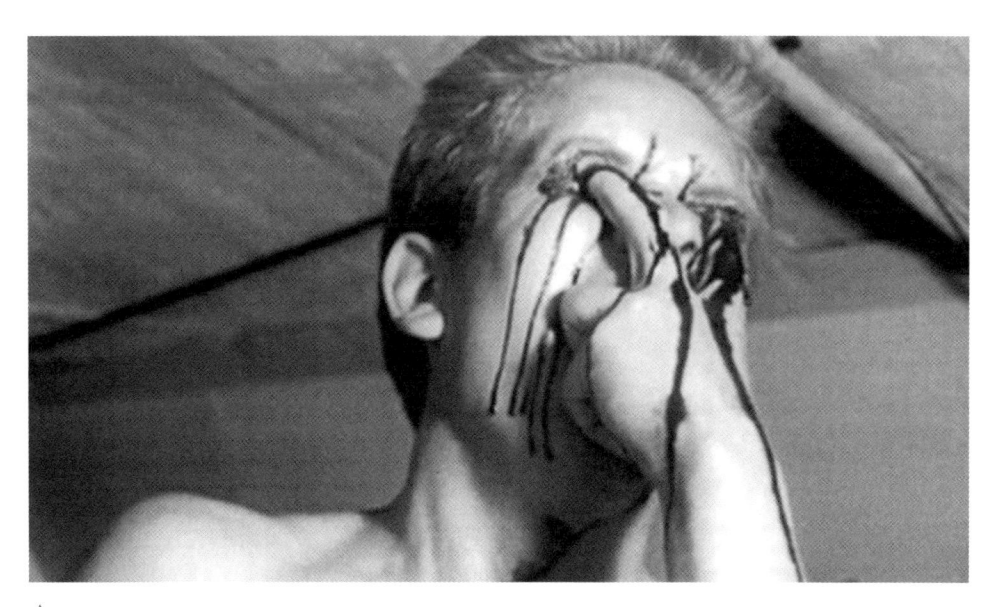

△ Walter Newcomb em *The Way to Shadow Garden*.
▽ Simone Mareuil em *Um cão andaluz*.

Numa outra frente de autoconsciência fílmica e mutilação corporal do ator, surge, nesse cinema dos sentidos, um ator que se mutila como forma de promover um adensamento de uma visão que, diferentemente de *Reflections on Black*, se dá como resultado de desejos do inconsciente do personagem. Nesse caso, trata-se de uma narrativa indireta, pois, na verdade, é o diretor quem dita essa agressão da visibilidade, problematizando os sentidos como órgãos promotores da compreensão (ou incompreensão) fílmica. Os órgãos dos sentidos em *The Way to Shadow Garden* são atacados (pelo ator-diretor) como prova inconteste de que há algo de biologicamente suspeito na espectatorialidade fílmica. Ao figurar a perfuração dos olhos, o ator começa a enxergar além da materialidade manifesta do mundo visível, um mundo "ao contrário" ou um "outro mundo", que é gerado na tela com imagens do negativo do filme, sugerindo, assim, uma outra compreensão da relação entre imagem fílmica e apreensão visual da imagem no cinema.

Harun Farocki também foi um caso de ator e cineasta que criou um impactante exemplo de cinema dos sentidos: o tato. No seu filme *Inextinguishable Fire* (1969), que misturava *body art*, *performance art* e ativismo político, ele queimou — no caso desse filme, verdadeiramente — o seu próprio braço com uma ponta de cigarro para mostrar os avassaladores efeitos do líquido inflamável napalm, usado indiscriminadamente pelos Estados Unidos na Guerra do Vietnã[83].

No cinema experimental brasileiro, os exemplos também se acumulam. Em *Cuidado, madame* e *Amor louco*, este último produzido na fase de exílio londrino de Júlio Bressane, mas também em *Sentença de Deus* (1972), de Ivan Cardoso, outro diretor experimental brasileiro, há uma profusão de órgãos dos sentidos (e também sexuais!) sendo mutilados e expostos, num diálogo extremamente profícuo com os filmes de Brakhage, produzidos nos anos 1950 nos EUA.

---

83 Nicole Brenez, "Are We the Actors of Our Own Life? Notes on the Experimental Actor", *L'Atalante*, *op. cit.*, p. 64.

△ Cuidado, madame.

A representação dos órgãos sexuais e excreções, proposta por alguns realizadores segundo uma ambivalência entre a perspectiva erótica e a abordagem biológica, poderia constituir uma subdivisão desse cinema de sentidos. Deleuze chama de "cinema do corpo"[84] um conjunto de filmes realizados por diferentes autores, em diversos lugares e momentos da história, que buscam expor o corpo e suas partes, tendo como base uma variedade de programas estéticos: reabilitação sensível, mostração do corpo, colocação em sensação da duração. Trata-se, segundo Deleuze, de um cinema que expõe o corpo em outro estado que não o da mostração ou da percepção, um corpo submisso à materialidade da passagem do tempo, "um corpo que não está nunca no presente [que] contém o antes e o depois, o cansaço, a espera"[85]. Essas representações tomam formas distintas em cineastas como Jean Eustache, Michelangelo Antonioni, Jean-Luc Godard, Andy Warhol e Glauber Rocha, entre os quais poderíamos acrescentar Ozualdo Candeias.

---

84   Gilles Deleuze, *Cinéma 2: l'Image-temps*, Paris: Minuit, 1985.
85   *Ibidem*, p. 246.

Existe algo no corpo do ator experimental que não nos remete ao corpo estranhado do outro, mas a um corpo alienado do próprio espectador. Esses corpos disformes, (auto)mutilados, expostos e resistentes não representam um outro que não quero ser, mas um eu que eu mesmo, como espectador, não consigo reconhecer. Portanto, é preciso expor o corpo para reconhecê-lo, não somente como objeto estético, mas também como elemento que sofre as intempéries do tempo, as mutilações como denúncia e autoconsciência fílmica, questionando o ato escopofílico como atividade anódina, ascética e passiva.

Na história do cinema, a exposição de órgãos sexuais tem sido tabu. Principalmente quando esse órgão sexual está em estado de excitação próximo ao ato sexual (antes, durante ou imediatamente depois) ou numa vertente já aludida em citação de um dos filmes de Brakhage, em que a vagina de uma mulher é mostrada imediatamente antes do parto. A crueza da exposição desses órgãos sexuais é desnorteadora, porquanto é feita em vertentes de uma moral muito distante dos ditames do cinema afeito à distribuição mais ampla e à exibição popular.

Exemplos dessas exposições de órgãos sexuais são a nudez da prostituta em *A visita do velho senhor* (Ozualdo Candeias, 1976); uma profusão de pênis em *Flaming creatures*; nádegas em *Taylor Mead's Ass* (Warhol, 1965); um pênis ereto durante o ato sexual, aqui visto num plano com o filme em negativo, em *Wedlock House: An Intercourse* (Brakhage, 1959) e em *Fuses* (Schneemann, 1967), e uma nudez um tanto quanto poética — mas também um sexo masculino rijo — no ensaio *As praias de Agnès* (Agnès Varda, 2008).

A exposição de órgãos sexuais nessas figurações experimentais migra em direção a um campo mais fluido da presença do ator experimental e do ato escopofílico no cinema quando embarcamos em universos diegéticos onde não há separação clara, ou pelo menos dificilmente perceptível, entre atores e figurantes que, por coincidência, ali se encontravam no momento da filmagem. Fruto da precariedade material desses filmes, que levam muitas produções a buscar espaços urbanos como locais de filmagem, os encontros entre atores e indivíduos comuns ganham um valor semiótico fecundo e podem causar, muitas vezes, um sentimento de estranhamento.

A evidência documental no jogo experimental

O teatro, e depois o cinema, passaram a apresentar com mais frequência, após vários textos-manifestos do escritor, poeta, ator e dramaturgo Antonin Artaud, uma procura por um tipo de espetáculo que será, de agora em diante, o ponto fulcral da nossa abordagem: o espaço liminar entre o "dentro" e o "fora" da diegese e como isso chega na obra de Helena Ignez. Em muitas performances da atriz dentro do Cinema Marginal, portanto "dentro de um filme ficcional", essas fronteiras se tornam imperceptíveis, já que a construção de uma diegese se rompe, pelo menos durante a sequência em que ocorrem encontros entre atores de um filme e transeuntes, para mostrar uma configuração "cênica" em que a separação de atores e dos outros copartícipes não fica muito clara. Artaud procurava "encenações diretas", uma vez que "uma acção violenta e concentrada é como que uma espécie de lirismo, conjura imagens sobrenaturais, sangue de imagens, um jacto sangrento de imagens, tanto na cabeça do poeta como na do espectador"[86]. Ele sonhava com um palco que projetasse perigo, onde a cada noite algo novo e vivo acontecesse tanto para o ator como para o espectador. A ideia era tirar este do torpor, da inércia em que vivia, purificá-lo, procedimento que seria repetido quase como um mantra pelas ações culturais brasileiras dos anos 1960 e 70[87].

Houve uma certa urgência das artes performativas em sair das restrições espaciais do palco de proscênio e mesmo das clausuras dos teatros, museus e galerias para os espaços abertos, contrapondo-se francamente à estrutura do espetáculo do teatro burguês "realista". As consequências dessa "saída para a rua" se materializaram nos inúmeros casos de filmes brasileiros da década de 1960 e 70, em que chamar

---

86 Antonin Artaud, *O teatro e seu duplo*, op. cit., p. 80.
87 No Teatro Oficina, o público era "agenciado" em várias vias sensórias: tato, audição, visão e olfato. Em *Teatro Oficina: onde a arte não dormia* (Rio de Janeiro: Nova Fronteira, 1989, p. 137), Ítala Nandi descreveu a montagem da peça *Na selva das cidades* (que estreou no Teatro Oficina em setembro de 1969) como uma obra que abandonou o aspecto de um enlatado *clean* e bem-acabado, para expor, logo na entrada do teatro, o programa da peça, que era um jornal colocado dentro de um saco plástico com lixo e serragem. Acrescenta que "os peixes que Othon Bastos retirava da areia colocada no chão deveriam estar bem podres, para que cheirassem mal. Quando o público chegava, nós já havíamos colocado incenso em todos os cantos do teatro, e assim, ele ficava envolvido num clima denso".

todo elemento humano de um mesmo termo ("ator") seria extremamente redutor, quiçá teoricamente impróprio — ou seriam todos esses corpos os de atores em potencial. Os matizes humanos presentes aqui devem ser especialmente levados em conta, pois há transeuntes que podem participar da filmagem ou "assistindo à cena, curiosamente" ou interagindo com os atores e ignorando a produção do filme e, até mesmo, sendo mostrados participando (inadvertidamente) dele.

As consequências dessa "saída para a rua" foram várias: a) uma nova relação do ator com o papel; b) uma nova espacialidade do "espetáculo" em si quando o ator aborda o público; c) uma nova noção de "diegese", porosa, rarefeita; d) o espetáculo não como um produto pronto, mas em construção; e) uma transformação e construção do ator e do espectador numa simbiose profunda e ritualística. E, sobretudo, pelo fato de que há um novo nivelamento do trabalho do ator, quando comparado às performances dos transeuntes. As pessoas nas ruas nos dão a impressão de que a chave de interpretação dos atores e atrizes nesses encontros se transforma em algo mais passível de análise, mais visível pela comparação, mais óbvio pelo enfrentamento entre as duas instâncias: a justaposição espacial entre ator e copartícipes expõe o primeiro a um escrutínio causado pela presença do segundo, que pode, em casos diversos, rebaixar, elevar ou deslocar seu nível de "eficiência".

No teatro, os atores engajados no seu trabalho estão conscientes do seu papel profissional, dos requisitos do seu ofício, e é impossível, salvo em trabalhos teatrais mais elaborados, que alguém esteja num palco sem sabê-lo. Todos que estão ali sabem da diferença estrutural entre palco e plateia, ator e espectador, mundo ficcional e mundo real: todos estão cônscios do pacto diegético[88]. No cinema ficcional, entretanto, essa fronteira pode ser facilmente quebrada quando alguém liga uma câmera sem avisar e registra a ação de outras pessoas, justapostas a atores interpretando papéis. Quem não viu, nos inúmeros telejornais diários, certa notícia de que "câmeras de vigilân-

---

88 Quando o pacto diegético é quebrado, um desses elementos nos faz lembrar da existência do outro, próximo a ele, mas sempre invisível pelo pacto: quando, por exemplo, os espectadores e atores da peça *Galileu Galilei* (que estreou em dezembro de 1968, no Teatro Oficina) se misturam na cena de Carnaval final, o pacto diegético é esquecido, transformando a peça estruturada numa conformação teatral tradicional em um *happening à la* Allan Kaprow.

cia registraram o exato momento do assalto a um banco"? Ninguém, na imagem, tem consciência de que está perante uma câmera[89] e age ao bel sabor dos impulsos cotidianos: instintos, desejos, gestos mecânicos repetitivos e reações.

Ao assistirmos a esses eventos que inundam as nossas telas de televisão, concluímos que aquele mundo que vemos está no mesmo patamar referencial que o nosso, ou seja, pertencemos a um mesmo nível de "atuação": somos "pessoas reais". Contudo, diferentemente do que acontece no evento do banco, há algumas cenas no cinema, e não são poucas, admite-se, em que pessoas simplesmente "aparecem" nos filmes ficcionais (elementos humanos extradiegéticos). É difícil divisar, a menos que façamos uma pesquisa genética[90] do filme, quem ali sabe ou não estar numa produção cinematográfica ficcional, quem ali está atuando para as câmeras ou não. E, para nós, pobres espectadores desavisados, fica quase impossível saber quem está ali efetivamente cônscio de ser objeto de uma produção ficcional.

Em filmes brasileiros produzidos nos anos 1960 e 70, os matizes humanos presentes devem ser especialmente levados em conta, por quatro razões que apresentamos aqui como hipóteses: a) há atores que estão efetivamente participando de um filme de ficção; b) há "extras" e celebridades contratados para participarem de um filme de ficção; c) há transeuntes que podem participar do filme, interagindo com os atores, "assistindo à cena, curiosamente"; d) há transeuntes que ignoram a produção do filme, mesmo sendo mostrados e participando (inadvertidamente) dele.

Considerar que tudo o que vemos nos filmes experimentais seja uma grande massa heterogênea de pessoas interagindo — e que se chama diegese — talvez não possa dar conta da complexidade de elementos humanos que há nesses filmes, o que desafia classificações rígidas, pois há sempre uma cena em que algum elemento foge delas. O que persiste nesses filmes é uma "ideia de obra que interage e se confronta com o seu entorno, ao invés de se fechar no ilusionismo do mundo diegético"[91].

---

89 Talvez alguém que trabalhe no banco saiba que há câmeras ligadas, mas muitas vezes o esforço do trabalho e a concentração exagerada nas atividades profissionais cotidianas as levam a esquecer que lá estão.
90 Sobre crítica ou pesquisa genética do processo artístico, cf. Cecília A. Salles, *Crítica genética: fundamentos dos estudos genéticos sobre o processo de criação artística*, São Paulo: Educ, 2008.
91 Ruy Gardnier, "A experiência da Belair: exceção ou regra?", in: *A invenção do Cinema Marginal*, op. cit., p. 38.

Se Artaud objetivava, com as suas encenações "diretas", o contato imediato entre encenação teatral e público, transformando este em copartícipe, o cinema, na impossibilidade de englobar nas cenas o espectador — geograficamente distante — decidiu abraçar as áreas e pessoas adjacentes, incorporando à sua noção anômala de diegese os transeuntes e trabalhadores nas ruas, como fez Pier Paolo Pasolini em alguns de seus filmes, jogando Ninetto Davoli, por exemplo, em contato com anônimos romanos em *Amore e rabbia* (vários diretores, 1969) ou interagindo ele mesmo como realizador-personagem com pessoas anônimas no ciclo dos *appunti*[92].

É óbvio, que, no cinema, há filmes e filmes. Aqueles boias-frias cortando cana nas primeiras cenas de *A opção ou As rosas da estrada* (Ozualdo Candeias, 1981) pertencem a um nível de referência distinto daquele dos rapazes trabalhadores desempregados na abertura do filme *Ladrões de bicicleta* (Vittorio De Sica, 1948). Há níveis diferentes de performance aleatória no cinema. Em muitos filmes, as pessoas estão na frente da câmera sem efetivamente saber que estão lá, mas, ainda assim, passam a pertencer a um mundo desenhado, escrito, organizado, produzido e, até mesmo, célebre de um cineasta qualquer. Alguns desses filmes vão até um patamar ainda mais nebuloso do cinema: os atores interagem com as pessoas nas ruas, abrindo um campo semiótico amplo, uma quebra da diegese hermética e impenetrável, uma (quase) terra de ninguém.

O jogo aleatório

O que James Naremore chama de performance aleatória ou acidental[93] é um nível posterior do que chamamos de evidência documental. As pessoas presentes no evento do assalto ao banco, mencionado anteriormente, são um exemplo de evidência documental, que chamamos aqui de corpos societais. Quando, por exemplo, os cidadãos

---

92 Filmes-preparação para outros filmes do diretor italiano, muitos deles não realizados; o mais notório é *Apontamentos para filmar Orestes na África* (*Appunti per un'Orestiade africana*, 1970), em que Pasolini imagina a tragédia grega encenada por habitantes do continente africano.
93 Conceitos usados aqui presentes em James Naremore, *Acting in the Cinema*, Los Angeles: University of California Press, 1988, pp. 14-5. [Trad. fr.: *Acteurs: le jeu de l'acteur de cinéma*, Rennes: PUR, 2014, p. 22.]

anônimos em *Central do Brasil* (Walter Salles, 1998) ditam inocentemente suas cartas à personagem da atriz Fernanda Montenegro, muitos deles não têm ciência de que estão sendo registrados por uma câmera. Contudo, a performance aleatória a que nos remete Naremore nos engana quando Walter Salles mistura, propositadamente, corpos societais (cidadãos que ditam as cartas realmente) e atores contratados para se parecerem com cidadãos anônimos ditando cartas numa estação de trem: a performance aleatória. Concluindo, temos a evidência documental em dois níveis: o corpo societal (pessoas "fora da diegese"; transeuntes) e o aleatório (figurantes em um filme). O cinema de fatura mais clássica é pródigo em nos mostrar cenas de "anônimos" cruzando com os atores nas ruas, nos restaurantes, em lugares públicos etc., mas o que não sabemos é que são atores contratados para parecerem anônimos, num truque ao qual poucas vezes estamos atentos.

Faz-se necessário falar mais um pouco do corpo societal e por que se dá ao elemento humano descrito por Naremore como evidência documental essa outra denominação. Em muitos filmes designados pelos seus realizadores ou por teóricos como experimentais, os personagens da trama contracenam em múltiplas ocasiões com pessoas "fora da diegese", ou seja, pessoas que não estão participando do filme, transeuntes. Eis aí algo que intriga, pois em filmes *mainstream* também há essas "outras pessoas". Contudo, longe de se fazer aqui qualquer classificação metódica, as cenas de filmes clássicos industriais acontecem com essas outras pessoas presas ao seu próprio mundo de figurantes, mas ainda encapsulados no mundo diegético. Tais figurantes nunca, em nenhuma hipótese, interferem na trama — quando o fazem, é porque estava roteirizado. Qualquer interação feita entre atores e outros níveis de performance é sempre feita num terreno "protegido" da diegese. Todos os elementos humanos que vemos estão interagindo num "mesmo nível de grandeza", todos trabalham para corroborar o mesmo grau de performance na tela. Diferentemente da diegese clássica, existe uma porosidade das fronteiras da representação, por exemplo, na Belair Filmes:

> o espaço visível é contaminado por muita coisa, principalmente na Belair [Filmes] você tem a performance, a presença do ator que perambula, que grita,

que fala, que vive diferentes estados e modos de estar ali e... numa situação de rua, [onde] tudo está contaminado, quer dizer, não existe um processo de demarcação [que diz] aqui está o espaço da cena ou uma delimitação clara que diz: "Aqui está a fronteira entre a representação e o mundo"[94].

Por isso, falar de corpos societais no cinema experimental se torna imperioso, pois, em muitos casos, os atores interagem com essas outras pessoas, misturando tessituras dramáticas que deveriam, segundo os cânones da enunciação clássica, estar em universos diferentes: de um lado, os atores, seus personagens e as peripécias fílmicas; de outro, essa massa humana que deve ser — ou deveria ser — apresentada na tela como uma massa indistinta de pessoas, com seus afazeres mundanos, cotidianos e "desinteressantes". O que deveria ficar em mundos estanques é exposto como engodo, como ficção, quando alguns desses transeuntes, como mostraremos adiante, "olham" para os atores em cena, dando-nos a estranha impressão de que alguém ali não está fazendo o que devia: o ator ou o corpo societal. Nos exemplos a seguir, tentaremos dar conta de casos mais sugestivos dessas aparições de corpos societais em filmes experimentais.

1º caso: o mais comumente presente nos cinemas, em que os atores e o que Naremore chama de jogo aleatório (figurantes) perfazem somente um único mundo homogêneo, fechado, organizado e protegido pelo registro de um entrecho. Todos estão cientes do pacto diegético.

2º caso: quando um figurante (performance aleatória) interrompe propositadamente uma cena e pensamos ser um transeunte (corpo societal), como, por exemplo, o rapaz negro que quase se joga dentro do carro da protagonista (Corinne Marchand) de *Cléo das 5 às 7* (Agnès Varda, 1962)[95].

---

94 Depoimento do teórico e professor Ismail Xavier dado ao Projeto Ocupação Rogério Sganzerla, em 2010. Disponível em: <http://www.itaucultural.org.br/ocupacao/rogerio-sganzerla/radiografia/>. Acesso em: abr. 2020.
95 Nos filmes clássicos ou industriais, mesmo os contemporâneos, qualquer interação entre atores e outros níveis de performance é sempre feita num terreno "protegido" da diegese. Todos os elementos humanos que vemos estão interagindo num mesmo nível de grandeza, todos trabalham para corroborar o mesmo grau de performance na tela.

Nesse caso, temos o que se pode chamar de um falso acaso, uma intromissão do mundo exterior à diegese, que é fruto não de um erro, mas de uma obra cuja fatura surge como produto de elaborações mais complexas. No caso do cinema, existem realizadores que são fascinados por utilizar elementos parecidos com os "reais" e justapô-los aos manipulados por eles mesmos, criando uma tessitura diegética falseadora:

> Trata-se de indeterminações que entram na elaboração de obras abertas, passíveis de assumir múltiplas formas, seja pela distribuição das responsabilidades de criação, como o improviso dentro de limites pre-determinados, seja pela incorporação de "alternativas", como obras multifacetadas, que pressupõem implicitamente diversas interpretações, com movimentos interativos, ou ainda, mais frequentemente, pela combinação das duas formas[96].

3º caso: quando os corpos societais apenas "olham" para o ator, quebrando a diegese hermética, como em *Star Spangled to Death*; *Sem essa, Aranha*; *Gamal, o delírio do sexo* e *Hitler, 3º Mundo*. Nesses exemplos, a encenação sai para as ruas, e os atores se misturam ao povo curioso que os observa, atônito, mas estranhamente passivo, suscitando o comentário de José Carlos Avellar, que analisa tais encenações (as brasileiras, pelo menos) como a copresença de um elenco de um filme com um público extradiegético (corpos societais), que surge na tela como uma espécie de sinédoque materializada do povo que frequenta os cinemas: apático, narcotizado[97].

4º caso: quando os atores e os corpos societais "contracenam" juntos, trocando palavras ou, nos casos extremos de *Copacabana mon amour* e *Barão Olavo* (e em *Uma mulher sob influência*), quebrando o pacto diegético ora (1) quando um corpo societal interfere na diegese, amparando um ator no meio de uma cena, ora (2) respondendo a hostilidades ou agressões de atores durante uma cena em local público. Em *Copacabana mon amour*, Sônia Silk (Helena Ignez) caminha pelas ruas do Rio de Janeiro em várias cenas. Em muitas delas, ela passeia pelo calçadão de Copacabana, anda pelos becos da favela, e a câmera registra a ação com forte apelo

---

96 Noel Burch, *Práxis do cinema*, São Paulo: Perspectiva, 1992, p. 133.
97 Cf. José Carlos Avellar, "Vozes do medo", in: *Cinema dilacerado*, Rio de Janeiro: Alhambra, 1986, pp. 106-8.

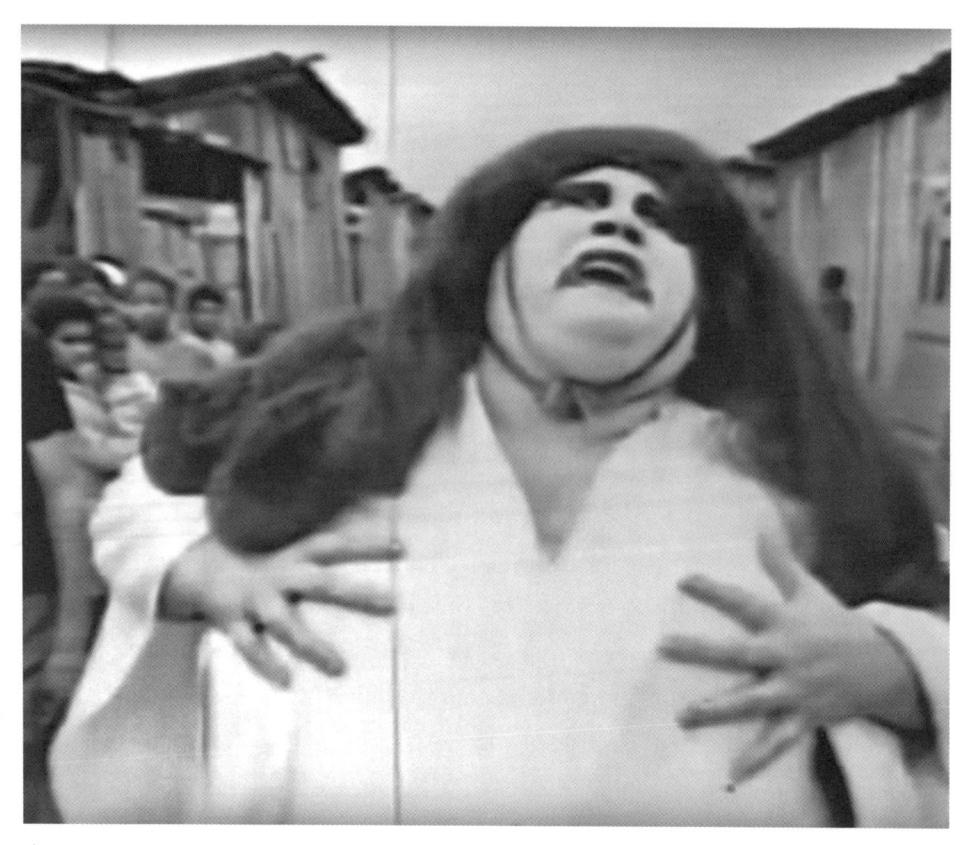

△ Jô Soares em *Hitler 3º Mundo*.

documental: há transeuntes que passam despercebidamente e, em uma cena com um altíssimo grau de interação entre a atriz em pleno trabalho e o corpo societal, Ignez simula um transe espírita e quase cai no meio da rua, sendo gentilmente amparada por uma senhora com um guarda-chuva que ali passava e por um senhor descalço que parece ser um morador de rua. Eles nem se dão conta, aparentemente, de que estavam ajudando uma atriz no meio de uma cena de um filme. Bem, a cena não foi descontinuada, o diretor não proferiu o famoso "Corta!", e tudo foi parar na mesa de montagem assim mesmo, com esse incrível ar de momento *hic et nunc* evanescente, de um encontro sublime entre uma atriz em trabalho e os corpos societais.

△ *Copacabana mon amour.*
▽

Esse imbricamento de atores e corpos societais tomam contornos ainda mais livres em outros dois casos que envolvem Helena Ignez. O primeiro acontece no final de *Barão Olavo, o horrível*, em que ela sai para as ruas com parte do elenco do filme, incitando os transeuntes a interagirem com eles. Essas pessoas com quem Helena e os demais atores do filme interagem são corpos societais, registrados nos espontâneos momentos da vida cotidiana. Suas reações e olhares surgem do inesperado da situação, da espécie de farsa circense levada para o meio da rua, do grotesco e repulsa que alguns daqueles gestos, ainda que pueris, revelam. Ignez recorre à estratégia visual da afetação ou *gag* desengonçada que marca sua personagem (Isabel) nesse filme. A atriz "assusta" os cidadãos ou deixa de caminhar tranquilamente entre eles para posar e interagir visualmente com os braços abertos e a cara contorcida, como se fosse um espantalho. Noutro momento, intromete-se num aparente núcleo familiar ou afetivo de mulheres, como se quisesse ameaçá-las. Mais tarde, a atriz Isabella[98] leva bolsadas de uma senhora, que visivelmente não quer ser acompanhada na rua por aquela desconhecida. Em *Copacabana mon amour*, Helena Ignez conversa com uma senhora ou entra na casa de uma família da comunidade que serve de locação para o filme também para interagir com os moradores.

A estratégia do ator experimental brasileiro, personificado aqui em Helena Ignez, de se confrontar com o real através da interação forçada com transeuntes pode ser colocada ao lado daquela dos atores de um outro cinema norte-americano: o de John Cassavetes. Na sequência em que Mabel vai esperar os filhos voltarem da escola em *Uma mulher sob influência* (1974), Gena Rowlands atua num registro similar: o de interpelar passantes. Diegeticamente falando, a personagem está tentando controlar a ansiedade de ter sua prole de volta à casa, dimensão teleológica pautada na ação-reação da estrutura do roteiro cassavetiano, ausente nos filmes brasileiros. Ao ser ignorada, insulta as mulheres, fala mal de suas roupas e pose de elegantes. A uma delas, faz um gesto de insulto. Todas desviam do furacão Mabel, olham para ela com um misto de medo e repulsa.

---

98 Isabella é a cigana que opera o aborto na cena anteriormente descrita de *Barão Olavo, o horrível*.

△ Barão Olavo, o horrível.
▽

△ *Barão Olavo, o horrível.*
▽

△ *Copacabana mon amour.*
▽

△ Gena Rowlands em *Uma mulher sob influência.*
▽

△ *Uma mulher sob influência.*

Se entendermos a atuação de Rowlands como um jogo que busca o experimentalismo, a fuga do naturalismo pelo salto no escuro, que significa atuar nas ruas sem o aparato cinematográfico que "proteja" seu jogo, deve-se constatar que há muito em comum no corpo e na encarnação dessas duas mulheres. Embora evoluindo dentro de formas fílmicas diferentes, Helena Ignez e Gena Rowlands são atrizes que reforçam a constatação de que personagens fílmicos tradicionais — e, consequentemente, atuações pautadas pelos parâmetros do naturalismo — não têm grande espaço no cinema da experimentação. Tudo nelas é excessivo, verborrágico e dilatado e dinamita o tão procurado equilíbrio de jogo (emoções, ações e palavras) do ator do cinema industrial. Ambas são atrizes de jogo até hoje referenciado — e reverenciado — em estudos acadêmicos e trabalhos de cineastas contemporâneos. Elas compartilham o gosto pelo comentário interno ao plano, na maioria das vezes em tom burlesco e jocoso. Na cena em que a adolescente vivida por Helena Ignez acompanha a fútil mãe (Wilza Carla) nas compras em *Os monstros de Babaloo*, cabe à garota a prerrogativa de romper o ilusionismo do momento e comentar, por meio de olhares para a câmera e risadinhas sarcásticas, o afã consumista da sua progenitora, que se esbalda diante de roupas e produtos de luxo em vitrines caríssimas. Em outro momento, Helena se esbalda vendo a mãe (Wilza Carla) torturar a empregada (Zezé Macedo). Já na cena da confraternização familiar em cima da cama do casal (marido, filhos e sogra), cabe a Gena Rowlands o papel de tentar pôr fim àquela farra matinal, o que é feito com gestos silenciosos — mas marcantes — no fundo do plano, sem interferir diretamente na cena que se desenrola no primeiro plano. O corpo e o jogo de Ignez e Rowlands funcionam, assim, como introdução do comentário épico dentro de uma narrativa transparente, potência disruptiva atoral à qual nem todo ator ou atriz pode ter acesso dentro do texto fílmico. Sem romper, no entanto, totalmente com a diegese transparente, esses momentos deixam clara a prerrogativa inerente ao jogo das duas atrizes de mostrar que o hermético envelope ficcional que o filme tenta lhes impor parece estreito demais para tamanha expansividade e personalidade de jogo.

△ Wilza Carla, Badu e Helena Ignez em *Os monstros de Babaloo*.

△ Zezé Macedo, Helena Ignez e Wilza Carla em *Os monstros de Babaloo*.
▽ Gena Rowlands e Peter Falk em *Uma mulher sob influência*.

△ *Uma mulher sob influência.*
▽

3.

As figuras essenciais de jogo de Helena Ignez

Para apreendermos o enorme e intrincado cerne do trabalho de Ignez, é necessário que façamos algo deveras arriscado: tentar — mesmo que por razões didáticas, mas frágeis, uma vez que seu trabalho tem um caráter tão sináptico — colocar as manifestações atorais de Ignez em módulos que deem conta, talvez de modo satisfatório, da labiríntica teia de relações que esses textos fílmicos, gestos, citações, referências e homenagens possam traçar. A costura dessas relações será algumas vezes polêmica, mas os riscos estão aí para serem enfrentados.

Helena Ignez é uma atriz-autora, segundo a terminologia criada por Patrick McGilligan e retomada mais tarde nas análises de Luc Moullet, Christian Viviani e Christophe Damour[99]. Segundo Moullet, as manifestações da autoria dos atores se dão através das "figuras ou orientações essenciais de jogo", motivos visuais que se repetem de filme em filme e que criam uma espécie de impressão de continuidade de estilo da atuação. As páginas que se seguem propõem análises do jogo atoral da atriz e de suas principais "figuras essenciais de jogo".

O corpo em transe

Uma parte considerável do jogo atoral de Helena Ignez está calcada em figurações que se baseiam nos ensinamentos de Antonin Artaud e seu Teatro da Crueldade. Mais do que relatar filiações ou semelhanças de protocolo formal da atuação, há uma impregnação profunda das ideias do poeta, ator e dramaturgo francês nas ações artísticas (de várias matrizes) a partir da década de 1950, indo bem além do Cinema Marginal.

Propõe-se, então, a existência de um conjunto de manifestações artísticas teatrais que parece ser fundador de um enorme arcabouço de temas e da estética teatral que germinaria as figurações de Ignez na Belair: o The Living Theatre e o Teatro Oficina.

---

99 A teoria foi forjada por McGilligan, mas foi Luc Moullet quem se notabilizou ao retomá-la em *Politique des acteurs: Gary Cooper, John Wayne, Cary Grant, James Stewart*, Paris: Cahiers du Cinéma, 1993.

Estes foram uma espécie de fonte de inspiração não somente para o cinema imediatamente pós-AI-5[100], mas também para o próprio teatro que se produzia no final da década de 1960. Algumas peças do Teatro Oficina — *O rei da vela* (1967), *Roda viva* (1968), *Na selva das cidades* (1969) — dialogam proficuamente com as manifestações atorais de Ignez até antes da Belair: (1) a sugestiva cena de uso de drogas em *A mulher de todos* e também em *O ritual dos sádicos* (José Mojica Marins); (2) as figurações de Ignez, que este livro agrupará no que se nomeia de "corpo poroso" (babas, vômitos, urina); (3) a exasperação e o transe; (4) as inúmeras ocasiões em que os filmes marginais e da Belair levam seus atores às ruas, numa interação entre espetáculo e público[101] que perpassa Artaud e os artistas do movimento que se nomeou de Nova Objetividade Brasileira (Hélio Oiticica, Antônio Dias, Lygia Pape, Lygia Clark, entre outros). Esse material temático e figurativo de Artaud fora transcrito e deslocado até o teatro, o *happening* e cinema posteriores, não sem uma leva de questionamentos e subversões, os quais descreveremos aqui nos exemplos mais pertinentes a Helena Ignez.

Há uma tendência a se pensar a arte da atuação, da década de 1960 em diante, como uma arte na qual o corpo do ator é colocado em risco, em vários sentidos: não somente os atores, mas também os *performers*, estão não poucas vezes sob o "risco de infecção, de envenenamento, de uma ferida grave, de um ataque do coração, de desordem psíquica, da morte e também a constante provocação das estruturas sociais, que reagem com rejeição, tais são alguns dos riscos que correm os artistas desde 1969"[102]. A palavra risco, no *métier* do ator, é de vertente artaudiana, quando ele descreve a tentativa de fornecer ao teatro sua função primariamente catártica, ligando o ator a uma atividade

---

100 Em *Cinema Marginal (1968-1973): a representação em seu limite*, Fernão Ramos delimita já no título do livro o escopo temporal empreendido no trabalho. Quem também almejou traçar um hiato histórico da produção experimental no Brasil pós-Cinema Novo foi Eugênio Puppo, no livro *Cinema Marginal brasileiro e suas fronteiras: filmes produzidos nos anos 60 e 70* (São Paulo: Hecco Produções/CCBB, 2004), organizado por ele e no qual incluiu produções de 1964 a 1981.
101 Cf. *supra* a seção "A evidência documental no jogo experimental".
102 François Pluchart, "Risk as the Practice of Thought", in: Gregory Battcock e Robert Nickas (orgs.), *The Art of Performance: A Critical Anthology*, Nova York: E. P. Dutton, 1984, p. 131.

em que os limites do corpo tomam rumos que o levam às desestabilizações, à renúncia de defesas, às exasperações, ao transe (*stasis*), à proclamação do fim de todas as censuras e ao limiar psicológico que se chama de "lucidez".

Helena Ignez "experimentou" todos esses riscos (institucionais, estéticos, figurativos, corporais), indo até as franjas de sua proteção como cidadã de um país em Estado de exceção. Filmavam em aeroportos, na rua e em vários outros locais públicos sem permissão oficial, e também havia cenas (a de Sonia Silk se embelezando e usando o vidro de um camburão como espelho se torna, nessa lista, um exemplo antológico de subversão institucional) em que se confrontava irreverentemente os sinais ou instrumentos panópticos abertos do poder que perscrutava todos, numa ambiência quase irrespirável do Brasil pós-AI-5. Esse formato de produção cinematográfica foi descrito por João Batista de Andrade como "cinema de guerrilha"[103].

△ *Copacabana mon amour.*

---

103 Nas filmagens de *O filho da televisão*, episódio do filme *Em cada coração um punhal*, Andrade afirma que inventou "o que depois Fernando Peixoto chamou 'cinema de guerrilha': como era perigoso filmar nas ruas, por causa da intensa repressão, eu primeiro ensaiava com os atores, conversava com o Bodanzky e depois ia para o local (Viaduto do Chá, por exemplo). A gente descia rápido dos carros, os atores encenavam na hora e o Bodanzky filmava tudo como se filmasse um documentário. Isso dava uma agilidade muito grande às cenas, interferindo em sua própria qualidade enquanto interpretação". Cf. João Batista Andrade, "Gamal: a emoção e a negação (O Cinema Marginal e eu)", *in*: Maria do Rosário Caetano, *Alguma solidão e muitas histórias: a trajetória de um cineasta brasileiro, ou, João Batista de Andrade: um cineasta em busca da urgência e da reflexão*, São Paulo: Imprensa Oficial do Estado de São Paulo, 2004, p. 136.

Ao unir teatro e vida, jogo e gesto cotidiano, Artaud — e, em instâncias próximas ou deslocadas, Helena Ignez — não separa "o teatro da vida: sem a presença constante e ativa do teatro, o homem e o 'poeta' permanecem ininteligíveis"[104]. Assim, os temas da exasperação, do transe, da alienação para Artaud e Ignez atingem, por vezes, uma concepção que toma formulações distanciadas daquelas construídas pelos módulos mais clássicos do ator. Quando vemos as cenas de Ignez em tantas figurações da exasperação e da dor, estamos vendo uma perfeita síntese do que era "mudar de pele, de se deixar habitar pelas forças mágicas, como no transe dos ritos de possessão"[105], procedimentos tão caros a Artaud. Ao contrapor o ator de então, acovardado e inconsciente de sua força, ele visava "derrubar essa barreira do medo: 'É preciso, portanto, admitir que, mesmo rejeitando às vezes a palavra, o transe está no âmago de sua visão e de sua prática de teatro'"[106].

Muitas décadas antes de toda a efervescência cultural e de costumes dos anos 1950 e 60, com suas novas plataformas políticas, que tinham o corpo como bastião e bandeira de luta — um corpo que confronta os tabus e as injunções de visões repressoras da cultura ocidental —, Antonin Artaud já havia tocado em temas que só seriam plenamente discutidos muito tempo depois: a revolução dos protocolos de comportamento social, uma plena descoberta do corpo como catalisador político de energias que fugiam das maquinações das ciências em direção a forças instintivas ou intuitivas, uma frontal resistência contra as normas e tradições políticas que paralisavam o tecido social, entre outras questões.

Viciado em drogas desde tenra idade, Artaud sempre propôs nos seus roteiros, peças escritas e encenações, soldar tão intensa e fisiologicamente sua arte à vida: "A tragédia no palco não me basta mais, vou transportá-la para minha vida"[107]. Pode-se visualizar, em sua vida, um liame inquebrantável entre as suas angústias e sofrimentos, na busca incessante por impregnar a sua arte de forças e energias vitais que

---

104 Alain Virmaux, *Artaud e o teatro*, São Paulo: Perspectiva, 1990, p. 49.
105 *Ibidem*.
106 *Ibidem*.
107 Teixeira Coelho, *Antonin Artaud*, op. cit., p. 14.

nos levassem uma agonia da qual ele verdadeiramente sofria: "lá onde os outros propõem obras, eu não pretendo senão mostrar meu espírito"[108]. Aos 22 anos, ele já havia recebido uma prescrição de ópio para acalmar dores de cabeça, e depois vieram morfina, láudano, heroína, cocaína e hidrato de cloral (sedativo que acabou por matá-lo).

A questão da presença, do uso e do reflexo das drogas na fatura da obra de arte surge então como uma linha de força que une algumas manifestações artísticas em torno de protocolos estéticos que possuíam procedimentos em comum: o corpo em transe, a agressão ao público, a *débauche* e a psicodelia. Tornam-se sugestivas, então, ideias como o "orgânico", o "sensível", os "extremos" (de qualquer ordem), uma tematização ostensiva de uma mitologia artística[109] (o banditismo social, o sexo livre e novas relações do corpo com a arte). Esse corpo "livre", alienado, entregue a experiências fronteiriças, foi retratado em inúmeras produções artísticas e teve também o seu quinhão de exposição na obra de Helena Ignez.

As cenas com o uso de drogas em alguns filmes brasileiros dos anos 1960 e 70 podem explicar o clima de alucinação explícita que toma muitos dos artefatos de arte e dos próprios artistas experimentais brasileiros, havendo uma coerência na apresentação das drogas que serve como uma (possível) chave que decifra parte do clima irrespirável nessas tramas, feito de um paroxismo irrefreado, de urros e gritos ou de personagens largados num fascínio do próprio corpo alienado e destituído de autocontrole: o corpo "odara"[110].

---

108 Alain Virmaux, *Artaud e o teatro*, op. cit., p. 12.
109 Cf. Caetano Veloso, *Verdades tropicais*, São Paulo: Companhia das Letras, 1997.
110 O corpo "odara" é uma das plataformas de expressão de revolta cultural durante a influência que a contracultura europeia e a norte-americana tiveram na sociedade brasileira dos anos 1960. Postura que era ao mesmo tempo voltada ao corpo como vetor de protesto e ao tecido social como fator de alienação política. Termo guarda-chuva, "odara" significa uma nova forma de participação social e de relação interpessoal, elegendo certa irracionalidade — vinda do uso de drogas, muitas das vezes — como fator de protesto contra os mecanismos de organização social do liberalismo econômico ocidental, dos valores estéticos e de participação política (esse último elemento mais ligado à sociedade urbana brasileira).

Acreditava-se, no âmbito do cinema experimental, que o consumo de drogas poderia ser um importante elemento no processo mesmo de produção, mas também no registro de experiências lisérgicas, no seu uso como material componente dos artefatos[111]. Assim, a produção artística poderia ser analisada com o elemento da droga como material combustível para uma abertura, uma radicalização não somente da estrutura do filme (ou da peça teatral, da pintura, da poesia), mas também das próprias experiências registradas dos atores, cheias do elemento presente do conflito[112]. Alguns realizadores experimentais do pós-guerra estavam conscientes dessas tensões e tentavam exprimir o seu mundo interior nesses artefatos, numa atitude que traduzia uma visão algumas vezes niilista, rejeitando o influxo de determinações de ordem comportamental, estética e ética que vinha do *establishment* cultural. Brenez chega a citar filmes de realizadores que abusavam de uma franqueza artística como uma forte resistência às fronteiras da censura e às normas de decoro social. Tais filmes eram capazes de exibir certas produções mentais ainda não explicadas pela razão, uma técnica de expressão (quase) integral do que é fluido, móvel, irrecuperável ou não identificável, "a partir de todos os motivos de interdição disponíveis na época: blasfêmia, droga, franqueza sexual, zoofilia, insulto aos políticos, incitação à libertinagem"[113].

Em *Ritual dos sádicos — O despertar da besta* (José Mojica Marins, 1969), toda a espinha dorsal narrativa do filme é deflagrada por uma sessão de uso de drogas por uma mulher na frente de cinco homens, dentro de uma experiência científica que é, no filme, mais um subterfúgio para a encenação de uma série de comportamentos bizarros e fragilmente explicados: escatologia, estupro seguido de morte de uma

---

111 Dominique Noguez, em *Éloge du cinéma expérimental, op. cit.*, p. 41, nos lembra que há filmes que surgem como um objeto analisável segundo a sua própria constituição dos materiais envolvidos: "Há filmes dessa forma, raros e cintilantes: *Main line*, de Michel Bulteau, foi rodado durante uma experiência de droga, a câmera mantida tanto quanto possível nos trilhos, nos corpos, pelos participantes, e captando o extraordinário, inventando *en passant* abstrações [...]".

112 Em *Experimental Cinema: The Film Reader*, organizado por Wheeler Winston Dixon e Gwendolyn Audrey Foster, Reva Wolf descreve o processo de produção da escrita do romance *A: A Novel* (1966-8), de Andy Warhol, durante o qual usavam-se gravações feitas em fitas cassetes de longas conversas aleatórias, muitas delas sob o óbvio efeito de drogas, de um material que se assemelha, muitas vezes, a digressões sem sentido, de gaguejos incompreensíveis e elucubrações que levam a um lugar misterioso.

113 Nicole Brenez, *Cinémas d'avant-garde, op. cit.*, p. 49.

adolescente, abuso, prostituição. O ambiente social dos filmes de Mojica resvala sempre num moralismo de ordem cristã, em ambientes sempre rebaixados e grotescos, dentro da precariedade material que foi regra nos seus filmes. O discurso dos membros do júri de notáveis no filme, dentro do que aparenta ser um programa sensacionalista de TV, tenta justificar o liame entre as sequências: enquanto no cotidiano o que gera as perversões é o ambiente depravado em que a juventude da época se inseria, a experiência com drogas, levada adiante pelo psiquiatra (Sérgio Hingst), era fruto de uma estrita, mas obscura, metodologia científica canhestramente explicada. O ambiente do uso de drogas é a veia de uma intriga, entrecortada por "solavancos" narrativos, marcada por um discurso rústico e pelo aspecto arrivista das empreitadas cinematográficas de Mojica, que nesse caso aproveita a onda erótica do cinema paulista pré-pornochanchada, em consonância com um nicho do mercado brasileiro dedicado a filmes de temas sensacionalistas (nudismo, prostituição, temas e situações eróticas, pseudoconteúdos científicos, drogas) e de gosto questionável, típicos dos *exploitation films*.

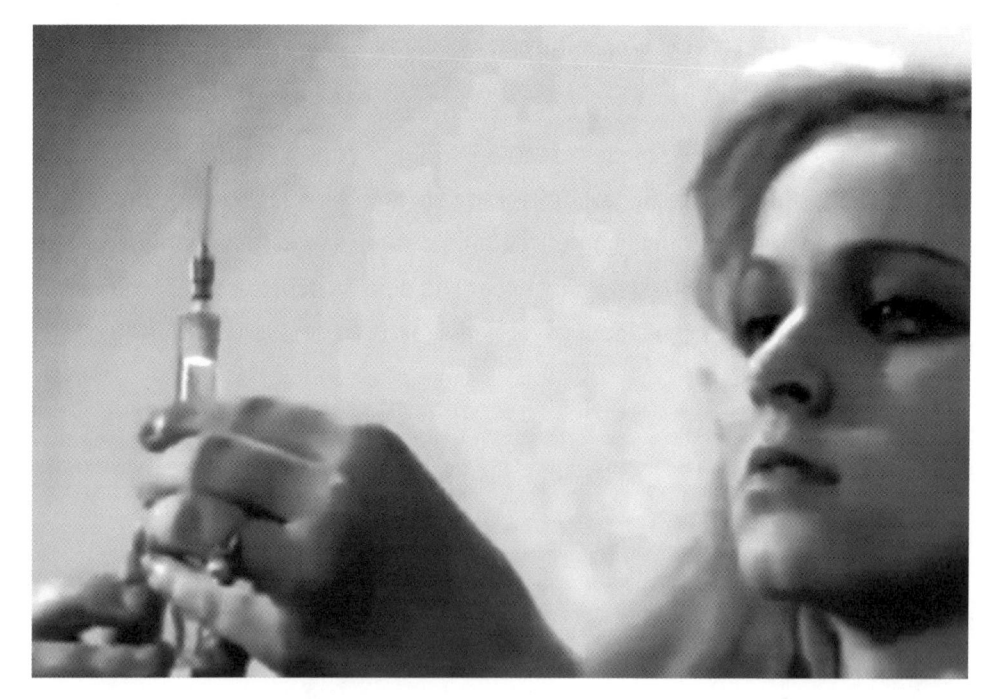

△ Andrea Bryan em *O ritual dos sádicos* (*O despertar da besta*).

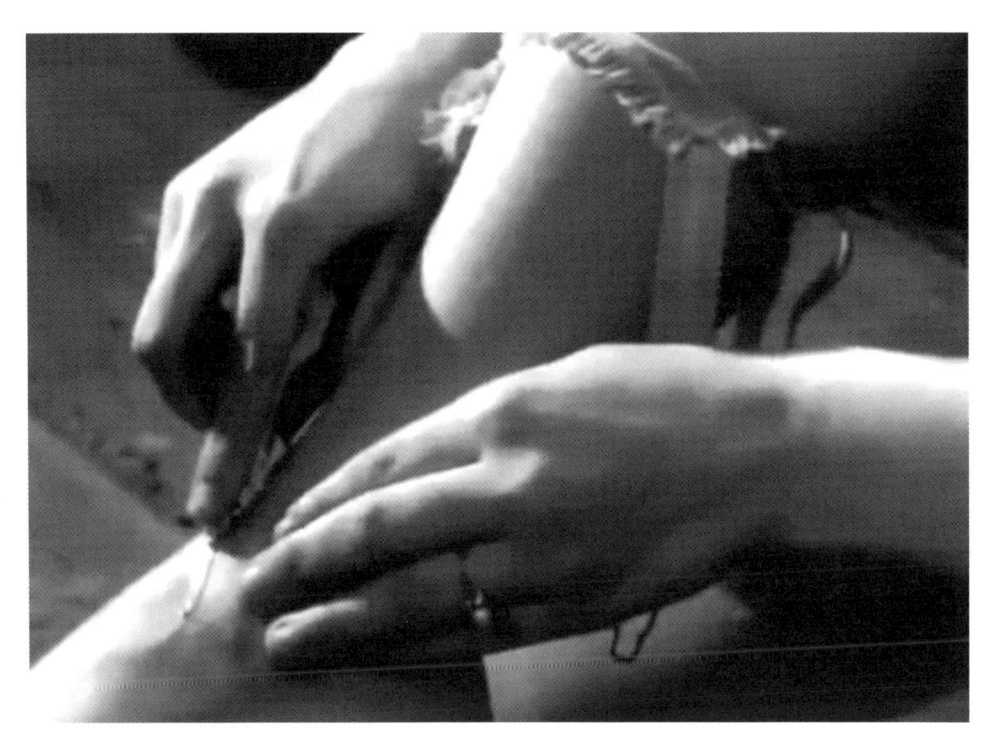

△ *O ritual dos sádicos* (*O despertar da besta*).
▽

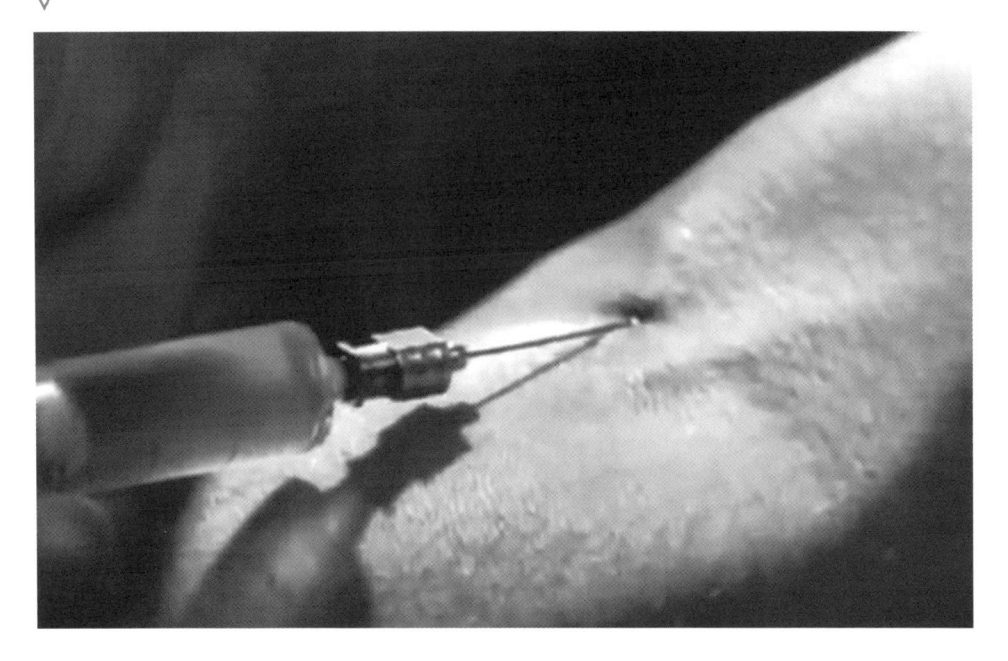

Em *A mulher de todos*, com uma *mise-en-scène* menos explícita do que no filme de Mojica, é a classe média que é o alvo das críticas mais do que ácidas do filme. No seu protegido ambiente de mulher de empresário, branca, bonita, libertária e promíscua, Ângela Carne-e-Osso (Helena Ignez) domina os homens a seu bel-prazer — incluindo aí o seu marido —, um comportamento que se proliferou nas classes mais favorecidas e nos meios artísticos no Brasil da ditadura militar: o desbunde, a falta de autocontrole corporal causado, majoritariamente, por drogas e por transes hipnóticos ou possessivos. Helena Ignez soube, a seu modo, interpretar nos filmes essa atmosfera do desbunde, uma sensação de difícil explicação verbal: o de "não estar nem aí", de uma consciência contraditória de saber que você não está em pleno controle das situações, de um estilo devasso e afrontadoramente sensual de se portar publicamente, provocando os padrões de decoro social. Esse "não estar nem aí" não permitia que os personagens marginais e da Belair tivessem um norte de ações, um *télos* ao qual aspirar.

Ângela Carne-e-Osso materializa no filme comportamentos tidos como "loucos", se inserindo plenamente numa época em que o uso de drogas (letais ou não, caras ou não, legais ou não), analgésicos, tranquilizantes e estimulantes era disseminado em festinhas ou ocasiões sociais. São inúmeros os momentos no filme em que pessoas (incluindo Ângela) estão dançando com movimentos repetidos e rítmicos do corpo, como num transe (lisérgico?) próximo aos dos filmes estruturais de Peter Kubelka ou a uma possessão corporal, os quais serão presenças marcantes nas personagens de Helena Ignez na Belair. Se o *looping*[114] é uma maquinação da enunciação fílmica para travar a fruição temporal nos filmes experimentais, não surpreende o fato de que é exatamente em *loopings* que Ângela Carne-e-Osso e a protagonista de *O despertar da besta* (Andréa Bryan) fazem uso de uma droga injetável[115].

---

114 Cf. *infra* o tópico "Corpo imantado, corpo imantador".

115 O clima de *débauche*, disseminado nas hostes artísticas, as faz eleger "objetos passíveis de 'curtição' — e que se chocam não só com a sempre criticada moral burguesa, mas também com todo um quadro ideológico com que boa parte do Cinema Novo se identificava — estão, certamente, as drogas, o sexo livre, o não-trabalho, a falta de um objetivo 'válido' na ação. Deslocados no espaço e na sociedade oficial, os personagens elaborados pela ficção marginal erram no vazio" (Fernão Ramos, *Cinema Marginal (1968-1973): a representação em seu limite*, op. cit., p. 35).

△ *A mulher de todos.*
▽

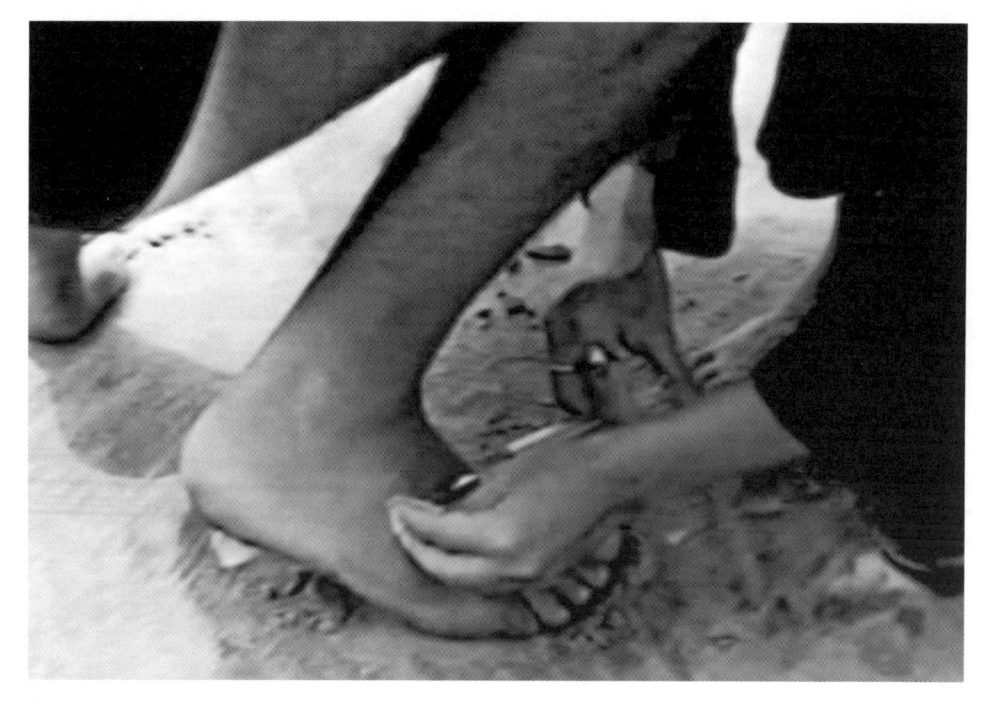

△ A mulher de todos.

O que foi para Artaud uma relação extremamente atribulada, pendular, de consciência da presença das drogas em sua vida, para esses filmes é algo que pode ser figurado de maneira literal. Se, repetidas vezes, ele não somente afirmou que nunca precisou do gatilho das drogas para ascender à arte, chegando até a aconselhar todos a rejeitá-las, essas citações sobre a presença delas em sua vida chegaram nos cinemas experimentais após a década de 1950 com um apelo talvez não filtrado. Torna-se evidente que, no começo da relação entre o The Living Theatre e os escritos de Artaud, o que peca nessas empreitadas — transcrições cênicas e roteiros — é uma "fidelidade excessivamente literal" à obra artaudiana.

Dentro de uma ampla estrutura das ações artísticas dos anos 1950 e, principalmente, 1960, houve uma propensão e, mais do que isso, uma conjuntura de diálogos de várias vanguardas (teatro, cinema, artes visuais, música popular), em que uma plataforma política e estética se manifestava como mais pregnante: a construção de um novo corpo por meio de um questionamento e distanciamento, iniciado por Artaud, do nosso lado racional e intelectual. O alvo certo dessa empreitada não era somente o teatro "realista", com sua conformação de personagem que leva em conta uma psicologia cientificamente traçável, dissecável e compreensível no nível que pudesse ser apreendida e aceita pelos espectadores. Essa mobilização das artes em direção a temas excessivos e extraordinários, aos estados culminantes da alma[116], reunia, como já havia sugerido Artaud, o cinema e a realidade íntima do cérebro.

Artaud acreditava que estávamos conformados a uma visão deturpada do "real", materializada na cena naturalista em que uma fatia de vida (*tranche de vie*) nos era oferecida por uma mera ilusão dela, por signos que fazem papel de instância intermediária do "real" e nos quais o projeto do teatro dramático estava profundamente imerso. Havia uma espécie de ditadura das aparências contra a qual Artaud se portava frontalmente. Então, para atingir o organismo era necessário mudar os instrumentos usados pelo teatro, sobretudo no que se refere aos estados da alma e do espírito, pois tudo o que pertence à ilegibilidade, à fascinação magnética dos sonhos, essas camadas sombrias da consciência que são tudo o que nos preocupa no espírito, nós queremos ver radiar e triunfar em um palco, prontos a nos perder e a nos expor ao ridículo de um colossal fracasso. Não temos medo dessa espécie de *parti pris* que nossa tentativa representa[117].

Artaud falava então de um outro tipo de consciência — longe da aferição injusta que a psiquiatria pudesse executar — que pregava "o impulso de insurreição contra a cultura ocidental e a tentativa, incansavelmente repetida, de retorno às origens sagradas da vida e do teatro"[118] presentes em estados inefáveis da alma, intraduzíveis pela psicologia que reinava no teatro de viés dramático que pudesse veicular uma "operação de magia. Nós não nos dirigimos aos olhos, nem à emoção direta da

---

116 Cf. Francisco E. Teixeira, *O terceiro olho: ensaios de cinema e vídeo (Mário Peixoto, Glauber Rocha e Júlio Bressane)*, São Paulo: Perspectiva, Fapesp: 2003 e idem, *O cineasta celerado: a arte de se ver fora de si no cinema poético de Júlio Bressane*, São Paulo: Annablume, 2011.
117 Cf. Antonin Artaud, *Linguagem e vida*, São Paulo: Perspectiva, 1995, p. 38.
118 *Ibidem*, p. 12.

alma; o que nós procuramos criar é uma certa emoção *psicológica* onde as molas mais secretas do coração serão postas a nu"[119].

Uma dessas manifestações da lucidez do trabalho do ator, um estado racional para o qual ele deve pender, descrito algumas vezes em *O teatro e seu duplo*, é o transe, conceito que Artaud emprega, à primeira vista, em tom de chacota: ele o considera como produto de um cabotino. Na sua visão, o transe nos leva a uma via oculta, a revelações e ao poder de adivinhar os segredos que existem no fundo da consciência, pois, e principalmente, o transe é produto de uma ação consciente[120]. Afirma, assim, o que mais de quarenta anos depois repetirá Hélio Oiticica: limitar o cinema a somente contar histórias é "privar-se do melhor dos seus recursos, ir contra o seu propósito mais profundo. É por isso que o cinema me parece especialmente expressar as coisas do pensamento, o interior da consciência, e não tanto pelo jogo das imagens, mas por algo mais imponderável que nos restitui com sua matéria direta, sem interposições, sem representações"[121].

Se o transe altera a consciência do sujeito — levando-o a se comportar de maneira não habitual e se deixando levar por energias que o fazem perder até a memória —, para Artaud, contrariamente, ele é produto de uma matemática e minuciosa reflexão, mas também de uma pragmática da espiritualidade em que há uma despersonalização do gesto do ator, feito de modo tão sistemático e racional que este se apodera de seu corpo, transformando o que exteriormente temos a impressão de ser uma máscara aplicada às suas feições: no transe artaudiano, o ator tudo controla[122].

---

119 *Ibidem*, p. 38.
120 Cf. Antonin Artaud, "À propos du cinéma", in: *Oeuvres complètes (Tome III)*, Paris: Gallimard, 1978, p. 66.
121 *Ibidem*.
122 Cf. Antonin Artaud, *O teatro e seu duplo, op. cit*.

A imobilidade e a exasperação

É aqui sintomático que, no prefácio do livro *Linguagem e vida*, Sílvia Fernandes e J. Guinsburg chamem de "realista" a mímica não corrompida do gesto do transe, pois é exatamente nessa mesma chave artaudiana — distante de um transe proveniente das vertentes psicológicas dos naturalismos mais correntes no cinema, do qual o ator pode ser acometido e nele se perder — que Helena Ignez irá produzir seus momentos de imobilidade e exasperação na Belair, dicotomia que sustenta a segunda figura essencial de jogo da atriz.

Ignez parece oscilar entre dois polos de modulação corporal — o transe e a exasperação — que são ambivalentes, mas que estranhamente são modos de figuração de estados psíquicos correlatos. No entanto, o transe aqui não se refere a um estado de "histeria" como estado patológico, gerando uma inadequação ao decoro, como foi a épica presença de Gena Rowlands em *Uma mulher sob influência* — ainda é preciso que algum estudo confirme que a personagem de Rowlands nesse filme é efetivamente uma histérica. Ignez doa seu corpo para uma alegoria: a do corpo agônico de uma sociedade fraturada. A oscilação entre transe e exasperação dá conta de estados de possessão que ela apresenta no seu jogo, vagando entre gestos antagônicos: a total ou quase total imobilidade e o trejeito desarranjado do paroxismo.

No polo da imobilidade, Helena Ignez usa a forma do "rosto-máscara", assim como o define Mikhail Iampolski[123], principalmente nos momentos dos retratos-fílmicos de *A família do barulho*, nos quais Bressane filma não só diversas fotografias, mas também os atores imóveis, com suas poses que se aproximam de um transe. Nessas ocasiões, Ignez se move lentamente e seu rosto não deixa transparecer qualquer emoção.

---

123 Segundo as teorias e experiências propostas por Lev Kulechov em torno da representação e do jogo do ator no cinema, Iampolski elabora dois conceitos: o rosto-máquina que, "apesar de sua forma anatômica, se comporta segundo as leis do corpo mecanizado do modelo" e é, portanto, determinado por um movimento contínuo e mecânico; e o rosto-máscara, que se define pela sua imobilidade e seu olhar fixo. Iampolski diz que o rosto-máscara "é em parte um rosto-objeto" (Mikhaïl Iampolski, "Visage-masque et visage-machine", *in*: Albera François (org.), *Autour de Lev Kouléchov: vers une théorie de l'acteur. Actes du Colloque de Lausanne*, Lausanne: L'Âge d'Homme, 1994, pp. 27-37).

Sem essa, Aranha. Abaixo, Aparecida e Helena Ignez.

△ *Copacabana mon amour.*

Os filmes da Belair inserem-se num momento específico da modernidade cinematográfica: aquele surgido sobretudo com os "novos cinemas" a partir dos anos 1950 e que se apoiava numa crítica feroz ao ilusionismo da imagem cinematográfica. Dois dos principais expoentes desse contexto de criação singular são os filmes-fotografia de Andy Warhol e os "filmes sendo feitos" de Godard, como indica o subtítulo de *A chinesa* (1967). As séries fotográfico-fílmicas do artista americano interpelam o espectador ao colocá-lo diante de uma imagem que o desafia justamente por se tratar de uma imagem "pura", sem história, sem romance. Uma imagem em que o efeito de real está tão superdimensionado (o corpo na frente da câmera, o caráter indicial que a materialidade dessa relação representa) que aniquila o efeito de realidade (a convenção narrativa e espacial, a participação afetiva do espectador). Já os filmes do diretor francês, sobretudo os dos anos 1960, eram um levante contra a transparência do cinema ao introduzir na sua imagem e na sua narrativa resquícios dos momentos da sua criação.

Com um olhar altamente cinéfilo e antenado ao que já havia sido produzido nesse sentido, Júlio Bressane dá a sua versão dos *screen tests* de Warhol ao filmar seus atores (Helena Ignez, Guará e Kléber Santos) praticamente imóveis durante vários segundos em *A família do barulho*, além de exibir o dispositivo de filmagem nesse mesmo filme e em *Cuidado, madame* (câmeras, claquete, microfones etc.) e *Sem essa, Aranha*. Da mesma maneira, Sganzerla, mestre em operar rupturas narrativas e estéticas no desenrolar naturalista da imagem fílmica, passa bruscamente da cor ao preto e branco — e vice-versa — em *Copacabana mon amour* e transforma uma sequência não diretamente reflexiva de *Sem essa, Aranha* em pura reflexividade, ao posar diante de um espelho ao lado de sua equipe de filmagem e de seus atores e assim se manter por alguns minutos.

"Cinema como a arte da pose" parece ser o lema dos filmes da Belair. A questão da pose traz consigo a supremacia do "aparecer" sobre o "parecer", do "mostrar" sobre o "narrar", complicando a discussão da verossimilhança da imagem cinematográfica ligada sobretudo ao corpo do ator e à busca de uma "verdade" embutida na sua interpretação. Os filmes da Belair atualizam, assim, a velha querela entre o cinema que busca imitar uma realidade material por meio do corpo do ator (a verossimilhança, o "parecer", o "imitar", a toda poderosa *mímesis*) e o cinema em que os atores simplesmente aparecem diante das câmeras (o "aparecer", o "mostrar-se", o "estar lá") — sabiamente, a etimologia da palavra nos diz que "a-parecer" é o contrário de "parecer", ou um "não-querer-ser-igual", um "não-imitar".

Um terceiro elemento a essa polaridade foi proposto por Bresson em suas *Notas sobre o cinematógrafo*. Falando dos seus modelos, o diretor clama que eles *sejam* (*être*) no lugar de *parecerem* ou *imitarem* (*paraître*), polo que seria ocupado pelos atores convencionais. Portanto, o *ser* do modelo bressoniano deveria evitar a todo custo a busca por um papel ou pelo estudo de um papel e rechaçar o jogo atoral tradicional, a direção de atores e as imposições da *mise-en-scène*. Esses modelos "encontrados na vida" trariam para os seus filmes uma "substância" que lhes daria um ar "automaticamente inspirado" depois do processo de ensaios do diretor, que visava acabar com a organicidade de gestos e ações dos intérpretes[124].

---

124 Cf. os aforismos de Robert Bresson de onde as aspas foram extraídas, *Notes sur le cinématographe*, Paris: Gallimard, 2006, pp. 16, 35 e 41.

A proposta bressoniana torna complexo o esquema binário *parecer/aparecer* e trava relações de proximidade com a postura neorrealista de também querer que seus atores *sejam* eles mesmos perante a câmera — com a diferença considerável de que, no neorrealismo, o ator atua com as especificidades da sua posição social, colocando em jogo sua fisionomia, seus traços físicos e corpóreos a serviço de um personagem com "consistência psicológica" e que se quer mais inteiro, mais "pessoa", mais "plenamente constituído"[125], com um registro de jogo baseado na espontaneidade, longe dos ensinamentos bressonianos.

Esses *tableaux vivants* de *A família do barulho* e *Copacabana mon amour* são um caso à parte relacionados esteticamente aos *screen tests* de Warhol, já mencionados. Enquanto alguns teóricos dão a esses *tableaux* um tônus desligado do todo do filme[126], de seu contexto mais abrangente[127], esse não é certamente o caso de Bressane e de Sganzerla. Nos dois *tableaux* que nos servem aqui de exemplo, a relação que os filmes tecem com seus elementos parece ser bastante profícua. Temos o primeiro deles, o de *Copacabana mon amour*. A sua relação com a trama surge aqui como um elemento narrativo bastante banal: em uma das primeiras cenas do filme, a personagem da mãe, interpretada pela atriz Laura Galano, grita descomedidamente para os quatro cantos e para quem quer que ouça que os seus dois filhos estão possuídos pelo demônio. Natural, então, que na ambiência das iconografias populares, com a figuração *kitsch* que resvala no filme B de horror (afinal, isto é uma possessão demoníaca), Ignez visita um pai de santo. No momento em que recebe o passe ou a benzedura, a enunciação fílmica simplesmente faz todos os atores envolvidos na cena

---

125 Essas características são elencadas por Roland Barthes para definir o estatuto do personagem do romance psicológico burguês. Cf. "Introduction à l'analyse structurale des récits", *Communications 8: Recherches sémiologiques: l'analyse structurale du récit*, Paris: 1966, n. 8, p. 16. Disponível em: <https://www.persee.fr/doc/comm_0588-8018_1966_num_8_1_1113>. Acesso em: abr. 2020.

126 É o caso de Arlindo Machado, por exemplo, que chama o *tableau* de um sintagma isolado do restante do filme. Cf. Arlindo Machado, *Pré-cinemas & pós-cinemas*, Campinas: Papirus, 1997. O *tableau* presente em *Copacabana mon amour* parece estar mais próximo do que afirmou Pavis: um instante pregnante. Cf. Patrice Pavis, "Problèmes d'une sémiologie du geste théâtral", in: *Vers une thèorie de la pratique théâtrale: voix et images de la scène 3*, Villeneuve-d'Ascq: Presses Universitaires de Septentrion, 2000, p. 108.

127 Barthes afirmou que o *tableau* é a apresentação de um sentido ideal. Cf. *Image, Music, Text*, Londres: Fontana Press, 1977, p. 74.

pararem e se fixarem no quadro, estáticos, figurando o símbolo que irá impregnar todo o filme: a mulher possuída pelo demônio.

Outro caso de *tableau* na Belair é o de *A família do barulho*, em que a imobilidade dos atores no quadro dialoga com as fotografias de famílias "tradicionais", com aquelas molduras de madeira trabalhada que pululam no imaginário iconográfico popular do brasileiro. Após essas fotografias, surge o nosso *tableau* e nele estão presentes os três protagonistas do filme, uma outra família. A mulher é prostituta, os dois homens ficam em casa, parecem não trabalhar e se entregam a prazeres ao mesmo tempo comicamente sexuais e pueris. Quando pressentem que a mulher talvez não seja mais a provedora da "família", resolvem contratar uma odalisca para substituí-la. O *tableau* que surge aqui, então, é uma imagem que serve de contraposição à banalidade das "outras" famílias do filme: comuns, desinteressantes, conservadoras. Ele serve como o *motif* que perpassará todo o filme: a imagem que se tem de família pode ser, nesse filme, bastante enganadora, sobretudo se levarmos em conta o conteúdo do *tableau*, contraponto irônico. Prova de que os *tableaux* de *A família do barulho* são parte integrante da narrativa fílmica é o efeito de sentido que se cria também a partir dos quadros finais: os *closes* dos três atores imóveis terminando por um gesto pequeno, até ínfimo, os quais serão analisados mais adiante.

Por outro lado, em um registro oposto ao da imobilidade, é também regra a escolha exagerada nos trejeitos, desarranjada, no limite do escatológico e da bestialidade, uma verdadeira "diarreia mental", segundo as palavras de Helena Ignez para descrever sua personagem em *Barão Olavo, o horrível*. O jogo histriônico[128] dos atores da Belair atinge principalmente as mulheres: Maria Gladys, esfomeada em *Sem essa, Aranha* e criatura genetiana em *Cuidado, madame*; além de Helena Ignez em diversos filmes. Historicamente, essa perspectiva do trabalho do ator insere-se na dimensão

---

128 O termo "histriônico" é usado aqui segundo o pensamento de Roberta E. Pearson, para quem o estilo histriônico, grandiloquente, excessivo, do cinema silencioso foi sendo substituído gradativamente pelo estilo verossímil e equilibrado à medida que as narrativas se tornavam mais realistas, culminando no advento do cinema sonoro. Cf. Roberta E. Pearson, *Eloquent Gestures: The Transformation of Performance Style in the Griffith Biograph Films*, Berkeley/Los Angeles/Oxford: University of California Press, 1992.

de criação de personagens descritas por Erwin Piscator — subsidiária dos ensinamentos do Actors Studio de Lee Strasberg, mas ultrapassando os conceitos do diretor americano —, que compreende a dimensão exterior como determinante na construção do personagem. Para Piscator, "o ator não é mais submisso aos efeitos psicológicos de um papel. O gesto serve para manifestar e não mais para expressar"[129].

Uma das principais "figuras essenciais" de atuação de Helena Ignez está nessa polarização em extremos corporais. Se, de um lado, a figura da *pose* aparece quando a atriz adota a imobilidade total ou parcial, de outro, há o *histrionismo*, quando ela se manifesta pela mobilidade excessiva e frenética.

△ *Copacabana mon amour.*

---

129 Vincent Amiel, "Comment le corps vient aux hommes? Jeux de l'acteur américain", *in: Conférences de la Cinémathèque Française*, Paris: 2008. Disponível em: <https://www.cinematheque.fr/video/116.html>. Acesso em: mar. 2020. Nessa conferência, Amiel usa a teoria de Piscator para descrever sobretudo a interpretação e a pose dos atores de John Cassavetes.

△ Kleber Santos, Helena Ignez e Guará em *A família do barulho*.
▽

Nos filmes da Belair, há uma outra hierarquia entre o trabalho com o texto e sem ele. Como nos primados de Artaud, em muitas dessas cenas em que há a exasperação e o histrionismo, a figuração da agonia e da agressão, não se verbaliza nada ou, se há verbalização, ela segue um outro molde: das justaposições feitas *ad hoc*, no calor da cena, da tomada, não seguindo um ditame preestabelecido, mas o tom das improvisações, do quase transe em que muitas dessas cenas se transformaram. Seja no excesso de movimento, na inflação gestual, seja na sua ausência completa ou parcial, o resultado acaba sendo similar: a fuga do equilíbrio pregada pelo naturalismo, tornando a atuação a ponta mais visível de uma ideologia contra o ilusionismo e a abordagem exclusivamente mimética do trabalho atoral.

(inflação gestual)

+ + + + + +

_____

NATURALISMO
_____

- - - - - - - - - - - - -

(rarefação gestual)

A passagem de um polo ao outro pode ocorrer dentro do mesmo filme: da figura de cera, de mármore, para estágios da figuração corporal convulsivos. Nesses momentos, verdadeira montagem cubista das diferentes facetas do personagem[130] podem tomar formas paródicas, como a figuração do quadro *O grito*, de Edvard Munch, em *Barão Olavo, o horrível*, ou a gesticulação aberta e agressiva, em momentos de perda de controle sobre os homens que a rodeiam incessantemente nesses filmes. Interessante notar a evolução da expressão facial do "grito" na versão de Helena Ignez. Aí, ela figura três diferentes estágios da gestualidade atoral: (1) um gesto mais parecido com um gemido de dor, talvez um naturalismo menos contido; (2) um grito mais óbvio, lacerante e aberto, que poderia ser inserido em qualquer filme de terror B,

---

130 Cf. Béatrice Picon-Valin, *A arte do teatro: entre tradição e vanguarda. Meyerhold e a cena contemporânea*, Rio de Janeiro: Teatro do Pequeno Gesto, 2006, p. 32.

△ *Barão Olavo, o horrível.*
▽

△ *Barão Olavo, o horrível.*

com um alto grau de elevação no tom da representação e perda do equilíbrio na feitura da expressão facial; (3) a paródia escancarada, debochando do quadro de Munch e, ao mesmo tempo, dialogando com o cinema, figurando propositadamente para a câmera o que "um ator faz em um filme", canhestra terapia da alma.

Muitos atores do Cinema Marginal brasileiro levaram às telas questões programáticas do jogo do ator próximas de como Aslan descreve o ator no teatro artaudiano: "'a noção de uma vida apaixonada e convulsiva', é preciso ser místico, exaltar ou seduzir o espectador, destampar sua selvageria para que volte mais puro para a vida geral, é preciso impingir-lhe uma representação cruel, quase fazê-lo gritar, não [deixar o ator] sair intato"[131].

Por isso, tantos gestos de total exasperação, como nas imagens a seguir, em que a mesma gesticulação servia para figurar o desespero e a raiva, elaborados com interações verbais em que Ignez rosnava como uma felina, tentando amedrontar os homens da "família".

---

131 Odete Aslan, *O ator no século XX: evolução da técnica/problema da ética*, São Paulo: Perspectiva, 1994, p. 256.

△ *A família do barulho.*
▽

△ *A família do barulho.*
▽

Ignez frequenta, assim, as duas categorias da imobilidade destacadas por Ludovic Cortade: a apatia e a inércia. A primeira, uma noção moral ligada ao estoicismo, segundo o qual o afeto é irracional, prevê o comedimento como maneira de não se deixar levar pelas paixões. A segunda, um conceito científico, prevê atingir uma impressão de imobilidade pela constância do movimento; a impressão de "fixidez de um movimento perpétuo"[132]. Privilegiando o polo da inércia, o programa gestual de Ignez liga o registro de jogo da atriz à modernidade do jogo burlesco de Buster Keaton e Charles Chaplin. Assim como os dois precursores do cinema silencioso, Ignez aparece como "um personagem incapaz de estabilizar o mundo que o cerca [...] movido por uma atividade transbordante que lhe confere distância com relação ao mundo que ele [ela] não sabe habitar com seu corpo"[133]. Tal filiação reforça a retomada dos preceitos e programas estéticos dos precursores do cinema, assim como foi a tônica para uma série de cineastas e também atores modernos a partir dos anos 1950.

O tema da possessão corporal parece ter sido moeda corrente nas artes plásticas no Brasil nos anos 1960 e 70. Principalmente Lygia Clark e Hélio Oiticica incluíram nos seus exercícios uma multiplicidade de estilos de inclusão do espectador dentro da obra, ora figurando estados exacerbados de comportamento, ora fazendo o espectador literalmente "ficar possuído por uma obra". Foi o caso de um parangolé de Hélio Oiticica, em que o participante de seus experimentos "vestia" a arte e a vivia, dançava com ela, andava nela. Alguns desses parangolés de Oiticica se chamavam "Cuidado com o tigre", "Seja marginal, seja herói", "Estamos com fome", todos versando sobre temas intimamente ligados a falas de personagens e a temas inseridos nos filmes da Belair[134]. O parangolé em questão se chamava "Estou possuído" e era vestido pelo participante da obra de arte, que ficava "possuído" por ela nas ruas, galerias, museus, favelas ou onde quer que estivesse.

---

132 Ludovic Cortade, *Le Cinéma de l'immobilité*, Paris: Publications de la Sorbonne, 2008, notadamente o capítulo 4, "L'Indifférence au mouvement: l'apatheïa et l'inertie".

133 *Ibidem*, pp. 89-90.

134 A frase "Cuidado com o Barão" foi dita várias vezes por um personagem em *Barão Olavo, o horrível*; "Seja marginal, seja herói" é um estandarte que Hélio Oiticica expôs após a morte de um procurado pela polícia no Rio de Janeiro, em 1966, sendo que o tema da marginalidade perpassa todo o imaginário artístico e criativo dos anos 1960, na música, no cinema, na literatura e nas artes plásticas; "Estou com fome" é uma das únicas falas da atriz Maria Gladys em *Sem essa, Aranha*.

△ Parangolé[135] "Estou possuído".

Havia, então, essa imbricação de temas entre a atuação na Belair e os temas que atravessavam as artes no Brasil, e Helena Ignez não foi exceção quando trouxe para seu jogo em *Copacabana mon amour* o tema da possessão. Nesses filmes marginais e na Belair, ela interpretou várias "possuídas", algumas vezes indo ao absurdo de figurar as possessões na rua[136], como já vimos nas imagens do capítulo 2.

---

135 Os parangolés foram criados por Hélio Oiticica em meados dos anos 1960 e sua produção evoluiu para outros programas estéticos a partir de então. Cf. Celso Favaretto, *A invenção de Hélio Oiticica*, São Paulo: Edusp/Fapesp, 2000.
136 Muniz Sodré e Raquel Paiva, *O império do grotesco*, op. cit., pp. 59-62.

Foi em *Copacabana mon amour* que Ignez levou até os limites do possível a figuração da possessão, indo da total imobilidade no *tableau vivant* com o pai de santo até uma anomia de gesticulações que tentavam dar conta desse processo que era o programa atoral majoritário na Belair Filmes: o *acting out*[137], o mostrar acintosamente o gesto, não visando aproximar o ator do princípio ético-naturalista do "viver" o papel, mas para questionar o gesto e expô-lo ao escrutínio público. Nessas figurações da possessão de Ignez, o gesto pode ainda recusar a imitação de uma realidade preexistente e fabricar seu próprio sistema de significação sobre a base de outras convenções não alicerçadas na *mímesis*, não sendo nem figurativo nem codificado, mas transgressivo: a antiatuação.

O *acting out* é a maneira por meio da qual se utiliza o gesto para trazer tudo para a superfície, para a face visível do corpo humano. Vale lembrar que um dos desdobramentos da inércia do movimento, para Cortade, é a manutenção da ambiguidade do real, a impossibilidade de atingir um sentido inequívoco do gesto ou da psicologia do personagem, característica que "definiria a modernidade"[138]. Do mesmo modo, a volta à superfície, seja na figuração, seja como mola mestra dos processos de atuação, foi um movimento que dominou o cinema moderno dos anos 1950 e que estabelece relações de proximidade com a modernidade dos burlescos e do cinema soviético dos anos 1920.

Contudo, é em uma chave que liga as figurações de Ignez e as suas personagens que Xavier elucida mais proximamente seu programa atoral. Há um amplo processo de descontinuidade nesses filmes, de um estilhaçamento de um sujeito classicamente conformado e com um universo interior dotado de um conteúdo decifrável, somado à autoironia das projeções externas (os julgamentos e clausuras que o mundo opera nesses personagens)[139]. É o que se pode chamar de personagem em crise.

---

137 O *acting out* tem em Ignez um resultado diverso do que sugere Christophe Damour, que o conceitua como uma descarga descontínua", fase animal, *acting out*". As explosões de ira exibidas por Ignez aqui são visualmente demarcadas demais para que possamos ligá-las a um programa minimamente mimético de ação. Cf. Christophe Damour, *Al Pacino: le dernier tragédien*, Paris: Scope, 2009, p. 86.
138 Ludovic Cortade, *Le Cinéma de l'immobilité, op. cit.*, p. 100.
139 Cf. depoimento de Ismail Xavier ao Projeto Ocupação Rogério Sganzerla. Disponível em: <https://www.youtube.com/watch?v=OFX588BSAMQ>. Acesso em: abr. 2020.

△ *Copacabana mon amour*. Abaixo, Helena Ignez e Otoniel Serra.
▽

△ *Copacabana mon amour.*
▽

O personagem em crise

Há um processo de deslegitimação do sujeito centrado e da ilusão de seres coerentemente constituídos nesses filmes de Helena Ignez após 1967: sujeito e cinema em crise e personagens destituídos de sentido. Fruto dos cinemas modernos e dialogando com teorias que retiravam o eixo fixo da linguagem e do sujeito[140], esses filmes são povoados por personagens perambulando no vazio. Há uma espécie de quebra das táticas de ilusão de um sujeito conformado (no sentido de terminado, pleno), fornecendo-nos somente seres de carne e osso, parecidos conosco, mas destituídos de psicologia que nos identifique com eles: a repulsa parece ser a palavra-chave que guia a composição desses personagens fraturados, o contrário do psicologismo do cinema clássico.

A crise do personagem começa não no cinema, mas no teatro, meio de representação que nos deu os ensinamentos sobre a relação entre ator e personagem que norteia o cinema. Segundo Robert Abirached, existe impossibilidade de identificação entre ator e personagem através do jogo a partir do teatro de vanguarda dos anos 1950, o que ele chama de "grau zero da personalidade, os de Ionesco e Beckett, em que o personagem perdeu seu nome, é designado por uma paráfrase (senhor Quem-quer-que-seja, O primeiro a chegar), pela sua função (o cliente, o professor), sua idade (o velho) ou seu estatuto familiar (a mãe, a irmã); ele não tem estado civil"[141].

Não por acaso, o teatro analisado por Abirached coincide com a fase histórica da modernidade do cinema nos anos 1950, momento histórico que gerou, como vimos, os filmes marginais brasileiros da década de 1970. A própria estrutura narrativa

---

140 O pós-estruturalismo coincidiu com a crise da legitimidade do sujeito centrado, pregando uma suspeita por uma identidade subjetiva coerente e refutando veementemente a estabilidade do signo. Cf. Robert Stam e Ella Shohat, "Teoria do cinema e espectatorialidade na era do 'pós'", in: Fernão Ramos (org.), *Teoria contemporânea do cinema*, v. 1, São Paulo: Senac, 2005, p. 403. No texto em que focaliza as teorias pós-estruturalistas e sua influência nos sujeitos fragmentados do cinema moderno, Robert Stam afirma que o pós-estruturalismo "demonstrou uma desconfiança permanente para com qualquer teoria centralizante e totalizadora", de um sujeito unificado e de conceitos fechados de identidade e verdade. Cf. Robert Stam, "A mutação pós-estruturalista", in: *Introdução à teoria do cinema*, Campinas: Papirus, 2003, pp. 202-3.

141 Robert Abirached, *La Crise du personnage dans le théâtre moderne*, Paris: Gallimard, 1994, p. 393.

nesses filmes, fragmentada e elíptica, se vê problematizada, como resultado dessa crise do sujeito, indo contra o princípio de uma visão hipostática do homem como resultado de uma substância ou natureza essencial e coerente de um indivíduo. Há uma falácia, segundo James Naremore, e uma ilusão de que há uma unidade do *self* no Ocidente, de uma representação da unicidade orgânica da imagem ficcional do homem desde a Renascença, pelo menos[142]. Assim, da estrutura narrativa desses filmes, essa crise também invade a seara do personagem, mas se equivoca quem pensa que esse questionamento do personagem monolítico é um fenômeno do cinema moderno. Noel Burch[143] já nos lembrava que, no filme *El Dorado* (Marcel L'Hérbier, 1921), L'Hérbier fez com que a personagem Sibilla (Ève Francis) aparecesse "difusa" no meio das outras moças que estão sentadas próximas a ela, perfeitamente visíveis e definidas: modismo impressionista ou uma materialização do apagamento do personagem?

Pavis nos dá pistas acerca do "apagamento" do personagem proposto por L'Herbier ao afirmar que nós não temos acesso direto a ele e sim à presença dos seus efeitos, seus traços materiais ou alguns outros índices dispersos, permitindo ao espectador uma "certa" reconstituição razoavelmente credível de seus elementos[144].

O sujeito fragmentado nos filmes de Rogério Sganzerla se materializa principalmente pela enumeração caótica de motivos ligados à própria biografia dessas personagens: são enumerações absurdas e inverossímeis de nomes, profissões, árvores genealógicas disparatadas, origens ou dados biográficos fornecidos pelo próprio personagem que são contraditórios, quebrando a expectativa de um conjunto minimamente afiançável de dados. Em *O bandido da luz vermelha*, por exemplo, narradores radiofônicos afirmam que o protagonista pode ter vindo do Paraguai, da boca do lixo em São Paulo, de Cuba ou talvez do México.

---

142 Cf. James Naremore, *Acting in the Cinema*, op. cit.
143 Cf. Noel Burch, *Práxis do cinema*, São Paulo: Perspectiva, 1992, p. 76.
144 Cf. Patrice Pavis, "Le Personnage romanesque, théâtral, filmique", in: *Vers une théorie de la pratique théâtrale: voix et images de la scène*, Lille: Presses Universitaires du Septentrion, 2000, p. 143.

Outro possível processo de esfacelamento do sujeito na tela é sua nomeação por diversos nomes e características pessoais que denotam um conjunto problemático de dados[145]: a personagem de Helena Ignez em *Copacabana mon amour*, Sônia Silk (cuja alcunha era "a fera oxigenada"), nos é introduzida por uma *voz over* que afirma que fora trazida da África por um navio negreiro em 1635 e era descendente direta de Genghis Khan e de princesas europeias: desconstrução abusiva e cômica. Assim como outros personagens modernos, os personagens do Cinema Marginal e de Helena Ignez, pelo excesso de signos ligados a eles, sua biografia e seu corpo, acabam deixando de significar questões concretas ou psicologicamente fundamentadas.

O *kitsch* e o cafona

Nos filmes do Cinema Marginal, e mais detidamente na Belair Filmes, Ignez destrava sua metralhadora de performances bombásticas, libertárias e autorais. Desde *Cara a cara*, ela já vinha ensaiando experimentar voos mais altos no que tange ao seu sistema de atuação, mas ainda faltavam as personagens e os cineastas corretos para tal. Foi em *O bandido da luz vermelha* e *A mulher de todos*, ambos com Rogério Sganzerla, que ela encontrou as condições propícias para uma explosão de sensualidade com liberdade criadora, imprimindo sua marca, seu idioleto atoral, nesse cinema inconformado, raivoso, carnal, errante, ferozmente revolucionário e, por que não, histericamente político.

Há certos caminhos figurativos que Ignez toma, nos filmes da Belair e do Cinema Marginal, quando seu corpo se torna o centro de um estado incontrolável de tensões entre cultura e decoro social: o corpo como epicentro do paroxismo, de possessões demoníacas e de explosões de ira[146]. Não é à toa que muitas de suas aparições nesses

---

[145] Um exemplo de personagem com a identidade questionada é James Stewart, em *Um corpo que cai* (Alfred Hitchcok, 1958), quando é chamado de vários nomes (Johnny, Scotty, John-O) por diferentes pessoas. Cf. James Naremore, *Acteurs: le jeu de l'acteur de cinéma*, op. cit., cap. XII.

[146] "Sganzerla radicaliza o que já vinha sendo experimentado através, principalmente, da montagem, em *O bandido da luz vermelha* e *A mulher de todos*. Em *Sem essa, Aranha* e nas outras produções da Belair, há todo um investimento no próprio corpo numa busca por figurações paroxísticas." Cf. Guiomar Ramos, "Aspectos performáticos no ator de cinema brasileiro", in: *Atas do II Encontro Anual da AIM*, Lisboa: 2013, p. 335.

filmes se dão em meio ao público, nas ruas, em contato com "os outros", criando um estado convulsivo nesse teatro da agonia que ela instaura nas suas figurações em praça pública. Como quebrar esse imenso e intransponível muro que separa as agonias do filme, e dos seus realizadores, em face de uma sociedade narcotizada?[147]

Se há fuga do naturalismo equilibrado dos personagens esféricos, o que resta nesses seres encarnados por Ignez é um total rompimento com uma concepção clássica de representação atoral, isto é, ela nem *subatua* nem *sobreatua* (embora os faça também), mas *antiatua*, cria seus próprios jogos, aventurando-se em um pântano pouco habitado, uma geografia desconhecida. E, para se chegar a esse lugar de ninguém, é necessário compreender qual a relação que Ignez tinha com a ambiência artística brasileira dos anos 1950 e 60 e compreender que a sua escolha de jogo atoral não é uma experimentação a esmo, uma escolha aleatória.

Em vários âmbitos das artes plásticas, do teatro e na literatura, flertava-se fortemente nessa época com temas que frutificaram no Cinema Marginal e na Belair Filmes: a escolha pela estética calcada no *kitsch* e a figuração, no sistema de jogo do ator, do abjeto, do grotesco e do paroxismo. Uma espécie de "cultismo *campy* ou *kitsch*"[148] foi elevado a *status* de manifestação disseminada pela atmosfera da contracultura que dominou o mundo ocidental desde os anos 1950.

Esse resgate de manifestações da cultura de massa e o culto ao mau gosto geraram uma atração pelo que era hierarquizado como ruim por uma elite cultural conservadora, nas palavras do realizador Rogério Sganzerla, "a utilização do mau gosto como elemento necessariamente de bom gosto"[149]; o *kitsch* e o cafona eram as moedas de troca utilizadas pelas vanguardas, levados a cabo com uma estilização destoante, exagerada, confrontada com conceitos de forma admitidos como predominantes[150].

---

147 Cf. o pensamento de José Carlos Avellar no ensaio "Vozes do medo", in: *Cinema dilacerado*, Rio de Janeiro: Alhambra, 1986, pp. 106-8.
148 A. C. Gomes de Mattos, *A outra face de Hollywood: o filme B*, Rio de Janeiro: Rocco, 2003, pp. 65-6.
149 Depoimento dado durante o filme *Mr. Sganzerla: Os signos da luz*, 2012, de Joel Pizzini.
150 Cf. Fernão Ramos, *Cinema Marginal (1968-1973): a representação em seu limite*, op. cit., pp. 126-34.

Ramos também afirma que havia um "desprezo pelo momento da criação artística, enquanto um momento de certa nobreza com vistas à criação do 'objeto belo'"[151], e uma "atração marginal pelo *kitsch* e pelo 'cafona' [que] se dá na medida em que esta postura, para além de seu aspecto agressivo às expectativas do belo analisadas atrás, se apresenta como formação característica do produto artístico elaborado pela indústria cultural"[152].

Se *Terra em transe*, de Glauber Rocha, tenta explicar a derrota do projeto de um país, através de um cinema politicamente engajado, com perspectivas de ação que eram minimamente organizadas, o Cinema Marginal expõe a derrota, figura esse niilismo através de personagens cuja luz no fim do túnel não existe, através do enfrentamento do "grotesco da cultura de massa, centro geométrico dos disparates nacionais e internacionais"[153].

O *kitsch* se materializa nas manifestações da cultura de massa urbana, nos programas policialescos do rádio sensacionalista, nas histórias em quadrinhos e nos filmes de gênero. Encontra na cultura *pop* seu porto seguro e inspiração, habitado por figuras de Marilyns Monroes e de latas de sopa de tomates repetidas à exaustão, enfatizando os paradoxos gerados, expondo "uma iconografia urbana do subdesenvolvimento", regada a "mambos, guarânias e boleros"[154], enfim, abraçando ruidosamente o lixo industrial. Assim, o *kitsch* é reintegrado ao arcabouço estético brasileiro, expondo o provincianismo e o mau gosto enraizado. É salutar, então, lembrar a odisseia que Helena Ignez empreende nas ambiências do cafona e do *kitsch* nos filmes que fez no Cinema Marginal e na Belair. Ignez parece escolher a dedo suas vestimentas, objetos, figurações, adornos e aparições bombásticas, sempre primando por uma atração pelo que é mais esteticamente excessivo.

---

151 *Ibidem*, p. 67.
152 *Ibidem*, p. 131.
153 Ismail Xavier, "Do golpe militar à abertura: A resposta do cinema de autor", *in*: Ismail Xavier, Jean-Claude Bernardet e Miguel Pereira, *O desafio do cinema: a política do Estado e a política dos autores*, Rio de Janeiro: Jorge Zahar, 1985, p. 18.
154 *Ibidem*, pp. 18-9.

Como, então, construir uma ponte entre dois polos semióticos diferentes — o *kitsch* e o grotesco como ambiências das escolhas estéticas da vestimenta, da música, dos adornos, das máscaras, da mobília doméstica, dos clichês verbais do cotidiano brasileiro — e fazer essa transposição intersemiótica para o comportamento, para o jogo da atuação? Em vários trabalhos sobre o Cinema Marginal e sobre a Belair Filmes, advoga-se a existência de um universo *kitsch* nesse cinema, potencializando a não naturalidade dos tipos psicológicos e das ações: "Próximo do universo do *kitsch*, o que mais atrai à narrativa marginal quando se lança ao que já foi previamente elaborado enquanto discurso de ficção, é a presença do estilo que se estabelece como curto-circuito interno de atitudes, potencializando ao extremo a não naturalidade dos tipos psicológicos, ações e constituição da imagem cenográfica"[155].

Tira-se proveito, então, do universo político para enfatizar o grotesco e o rebaixamento nesses filmes, "acentuando a degradação dos personagens"[156]. Os filmes de Godard e o tropicalismo musical brasileiro já estavam sugerindo, no mesmo tempo de ideias da Belair e de todo o Cinema Marginal brasileiro, essa justaposição explosiva entre os mitos e clichês do *pop*, a hiperbolização do *kitsch* e do cafona, dando às caracterizações e gestualidades de Helena Ignez os ingredientes da receita que ela usou tão bem: os rejeitos do mundo patriarcal da família brasileira de classe média, suas frases prontas, sua mitologia plastificada pela imposição da mídia e pela cultura de massa, abandonando o comportamento socialmente tido como respeitável. Ao mesmo tempo, ao contrapor temas e iconografias, a atriz revela a contradição e a falta de sentido no projeto modernizador burguês que predominou no Brasil[157].

O *kitsch* e o cafona ressignificam e moldam ao mesmo tempo as interpretações atorais no Cinema Marginal e na Belair Filmes, convergindo para o que Fernão Ramos nomeou

---

155 Fernão Ramos, "Bressane com outros olhos", *in*: Bernardo Vorobow e Carlos Adriano, *Julio Bressane: cinepoética*, São Paulo: Massao Ohno, 1995, p. 110.
156 Cf. Fernão Ramos (org.), *História do cinema brasileiro*, op. cit., p. 381.
157 Cf. Rubens Machado Jr., "A experimentação cinematográfica superoitista no Brasil: espontaneidade e ironia como resistência à modernização conservadora em tempos de ditadura", *in*: Fernando T. Falcone e Lara Amorim, *Cinema e memória: o Super-8 na Paraíba nos anos de 1970 e 1980*, João Pessoa: Editora da UFPB, 2013, pp. 34-55.

como "caracterização excessiva de atitudes" inserida nessas narrativas[158]. Essas figurações excessivas foram levadas a um nível limítrofe de exasperação por Ignez. A "caracterização excessiva de atitudes" ajuda a formar o tipo que povoa esse *entourage* marginal. Tipos inverossímeis, pois seu *éthos* gestual é tão carregado de nuances distantes de um repertório moderado ditado pelo naturalismo que os aproxima de um mundo viciado, de uma pletora de signos da decadência do *kitsch*, da obviedade dos ditos e gostos populares, regado a uma retórica desconexa, cheia de vocalizações não miméticas, de repetições verbais *ad nauseam*, de gritos, urros e rosnados ininteligíveis, dando uma imagem de um ser em completa desconexão com seus movimentos: um Arlequim extirpado da *Commedia dell'Arte* e jogado no lixo gráfico da Belair Filmes.

Corpo imantado, corpo imantador

De todos os intépretes da Belair, a que mais levou a sério a ideia do gesto como manifesto do estilhaçamento do personagem, da luta contra a expressão psicológica, foi Helena Ignez. Sobretudo nos filmes de Sganzerla, a câmera é atraída pelo corpo da atriz, que se torna um corpo imantador, nas sequências em que a câmera segue milimetricamente seus passos; no outro extremo, ele se torna corpo imantado pela câmera, naquelas em que ela "orbita" em torno da figura do diretor/câmera. Outra manifestação das "figuras essenciais de jogo" de Ignez que aparecem como secundárias das figuras analisadas anteriormente: a pose e o histrionismo. O corpo atraído pela câmera exerce com o dispositivo — e com o diretor por detrás dele — um jogo de *sedução*, uma relação de sujeito filmante/sujeito filmado que permeia toda a relação cinematográfica entre os dois. Já no corpo atraente, a figura visual que se estabelece é a do *satélite*, um corpo em constante interação com o referencial, a câmera, e que roda em torno dele.

Tais figuras tornam-se evidentes na sequência do almoço musical em *Sem essa, Aranha*. No filme de longos planos não necessariamente encadeados por uma

---

[158] Fernão Ramos, *Cinema Marginal (1968-1973): a representação em seu limite*, op. cit., p. 132.

ordem teleológica, nos deparamos com um festim organizado improvisadamente nos fundos de uma casa bastante simples. A câmera inicia seu percurso saindo da penumbra de dentro da casa e indo percorrer o quintal, onde um grupo de adultos, jovens e crianças se aglomera em torno de um tocador de sanfona. Uns têm pratos de comida nas mãos, outros participam do coral improvisado que acompanha o músico. A maioria deles tem face atônita ou tímida diante dos espetáculos musical e cinematográfico que se desenrolam à sua frente. A canção é tocada e cantada por Luiz Gonzaga, eminente representante da música regional brasileira, conhecido como o Rei do Baião. Gonzaga é acompanhado em coro por vozes femininas e palmas dos presentes. De tipo físico facilmente reconhecível na cultura brasileira, ele se veste com a indumentária inspirada em tipos populares do Nordeste brasileiro: lenço no pescoço e chapéu de cangaceiro. É nesse momento que surge Helena Ignez, com um vestido bem curto, destoando do tipo físico do público e do cantor. Ela orbita em torno do sanfoneiro e da câmera, levando-a a rodopiar em torno do seu próprio eixo para acompanhar os movimentos da atriz. Estabelece-se um jogo corporal entre atriz, câmera e espaço da casa e do espetáculo musical. Helena interage na mesma medida com todos eles. Nesse momento, é o seu corpo que guia a forma do filme, as escolhas estéticas do diretor; sua função narrativa está completamente anestesiada. A expressão da atriz, falsamente alheia à movimentação, reforça o poder incorporado por ela nesse momento. Querendo parecer externa ao movimento que gera, Helena apenas reforça sua presença e seu magnetismo. Ao desviar o olhar, ela o ostenta.

A análise de James Naremore sobre a aparição de Carlitos em *Corridas de automóveis para meninos* (Henry Lehrman, 1914) pode ser útil para entendermos a figuração corporal de Helena Ignez nesse momento. Assim como Naremore diz de Carlitos nesse curta, Helena e todos os participantes da sequência atuam, mas a diferença entre o jogo do ator e o dos outros é que o do primeiro "é uma hábil pantomima profissional, colocada em cena para a câmera" e o dos demais, "uma reação cotidiana, provocada pela câmera ou apreendida por ela sem que eles percebam. Um jogo é teatro, o outro, aleatório"[159].

---

159 James Naremore, *Acting in the Cinema*, op. cit. p. 14.

Assim como Helena Ignez, o personagem do Vagabundo também impõe seu corpo diante da câmera. Ele repete incessantemente a mesma ação: entra e sai do quadro, coloca-se diante da câmera, seu olhar fugidio e aparentemente alheio a ela servindo para reforçar sua presença ali. Numa relação amplamente defendida por teóricos entre cinema moderno e primeiro cinema, Helena e Carlitos se igualam no sentido de que ambos são "atraído[s] para o centro do quadro como o metal por um ímã"[160].

△ *Sem essa, Aranha.*

---

160 *Ibidem*, p. 16.

△ *Sem essa, Aranha.*
▽

△ Sem essa, Aranha.

A particularidade do quadro cinematográfico em permitir — e até incentivar — a saída e a entrada dos corpos na imagem foi analisada por André Bazin e usada para diferenciar o quadro do cinema do quadro da pintura[161]. Um exerce a força centrífuga sobre os corpos (o cinema); o outro, a força centrípeta (a pintura). Dimensão, portanto, inerente a toda representação cinematográfica, a força centrífuga do quadro torna-se motivadora dessas sequências específicas da obra de Chaplin e de Helena Ignez. O corpo de Carlitos, assim como o da atriz brasileira, move-se dentro dessa lógica essencialmente cinematográfica, mas intrinsecamente antinarrativa. Ambos "posam"[162], impõem o congelamento, ainda que efêmero, da imagem, numa

---
161 André Bazin, "Pintura e cinema", in: *O que é o cinema?*, op. cit., pp. 205-10.
162 Ainda segundo Naremore, Carlitos "não se contenta apenas com se manter de pé, ele posa. Quando finge ser alguém que finge não ver a câmera, ele o faz com uma indiferença exagerada ou com o olhar intenso de um explorador examinando o horizonte distante" (James Naremore, *Acting in the Cinema*, op. cit., p. 17).

△ Charles Chaplin em *Corridas de automóveis para meninos*.
▽

△ Charles Chaplin em *Corridas de automóveis para meninos*.

retomada rápida da prática que se tornaria comum no cinema moderno europeu, a dos *tableaux vivants*. Eles bloqueiam a narrativa, impedindo que o ato cinematográfico pleno — o espetáculo — se realize. São um ruído, uma perturbação perante a imagem que se quer transparente e comunicativa. A lógica da repetição está no cerne do programa gestual de Carlitos e de Helena, corpos nos quais ator e personagem se confundem e se retroalimentam. A retomada incessante de gestos, motivos visuais ou ações, mola mestra do burlesco do início do cinema, volta com força total no Cinema Marginal brasileiro. Enquanto roda em torno da câmera e de Gonzaga como uma lua em torno da Terra, Helena também tem seu corpo perseguido pelo objeto de captação da imagem. Ela é o elemento que atrai o olhar do dispositivo e também o corpo que persegue a imagem, impondo seu aparecimento diante da câmera. Lembremo-nos aqui da dicotomia entre o *parecer* e o *aparecer*. Nesse sequência, todo o arranjo visual é pautado pela vontade da atriz em *estar* na imagem, em *aparecer*. Para isso, ela prolifera as maneiras de entrar e sair do quadro, ora por bordas diferentes, ora pela mesma borda. A câmera dança com a atriz e o sanfoneiro. Helena, por sua vez, lhe impõe sua imagem, seu corpo, seu olhar fugidio. Nesse momento, ela é toda *aparecimento*, um corpo que rejeita o fora de campo, que se materializa nos limites do quadro, que busca o *estar na imagem* como o inseto procura a lâmpada. A atriz impõe à narrativa fílmica a circularidade, o não avançar baseado no encadeamento das ações numa lógica de ação-reação. Ela encarna a quebra da teleologia clássica.

Helena Ignez é, sem dúvida, o principal vetor de transmissão da ideologia Belair, seja na perspectiva material — que usa seu corpo como objeto de uma interpretação de ator longe dos moldes convencionais —, seja na manifestação oral do discurso dos diretores que encontra eco na sua postura de atriz engajada com as causas autorais do cinema brasileiro. É ela também que melhor encarna o poder dos atores da Belair de transcender as sequências de diálogos e de transformá-los em solilóquios — uma meia dúzia de frases são repetidas durante o filme inteiro, e a possibilidade de troca de palavra fica totalmente comprometida. Se os filmes da Belair são a resposta brasileira aos momentos de inquietação e revolta do cinema mundial, o corpo de Helena Ignez é a encarnação dessa rebeldia.

O seu corpo também é vetor da ideologia do diretor Sganzerla, pois, além de explodir a organização ordinária dos diálogos ao disparar incessantemente frases esdrúxulas ("Planetinha vagabundo. O sistema solar é um lixo!"), Helena usa seu programa gestual para prestar reverência ao talento do grande homenageado da sequência, Luiz Gonzaga. Num gesto altamente devocional, ela o beija na testa. É sabida a admiração de Sganzerla pelos compositores populares da música brasileira, como testemunha seu filme-homenagem *Isto é Noel Rosa* (1990) e a utilização recorrente de canções populares como trilha sonora de seus filmes. O corpo de Helena funciona assim como um prolongamento das posições políticas e artísticas do diretor. Pelas relações pessoais entre eles, as ligações e manifestações da atriz nos filmes de Sganzerla fazem parte de um acordo tácito de percepção do mundo, de entendimento das artes e da política, do envolvimento do artista no mundo.

△ Luiz Gonzaga e Helena Ignez em *Sem essa, Aranha*.

O círculo do tempo, o ator circular

O cinema é um meio de expressão oriundo das possibilidades estéticas da dimensão temporal, pois é sobre o tempo que ele reflete suas imagens. Mesmo quando quebra com a evolução intocada da fábula nos seus procedimentos de montagem (cortes, elipses, *jump cuts*, justaposições, paralelismos, sobreimpressões, fusões, *slow motions*, acelerações etc.), o cinema está sempre tentando dar conta da mobilidade do tempo e da sua incapacidade de apreendê-lo na sua total inefabilidade.

Foram os cineastas experimentais que mais tentaram questionar, subverter, manipular e embaralhar o tempo dos filmes, procurando compreender qual é a tessitura dessa dimensão, expondo os dois polos desse processo: a procura pela compreensão do tempo e o total fracasso dessa empreitada. Conscientes do insucesso, esses inventores do cinema enveredaram por outras searas: se não podem compreender o tempo, pelo menos podem manipulá-lo na esperança de controlá-lo, mesmo que fragilmente, no desenvolvimento desses filmes.

Essas experimentações com o tempo fílmico são o resultado de um estado de pesquisa no cinema que data de muito tempo. O filme estrutural[163] já experimentava, desde os anos 1920, com elipses (*loops*) incessantes, circularidades da montagem e repetições de motivos. Nesses filmes estruturais, a repetição do mesmo plano várias vezes transforma o corpo do ator em um mero mecanismo dotado de movimento, replicando o mesmo deslocamento, movimento, expressão facial ou gesto inúmeras vezes, "prefigurando os filmes estruturalistas que iriam desabrochar posteriormente no final dos anos de 1960 e 70"[164]. Do mesmo modo, o burlesco dos anos 1910 e 1920 também se ancorava na repetição de situações visuais e corpóreas, algumas delas cristalizadas nas *gags* chaplinianas.

O *loop printing*, efeito usado em *Balé mecânico* (Fernand Léger, 1924), é um tipo de montagem fílmica em que o tempo do plano se multiplica quantas vezes quisermos, estendendo-se até à exaustão. Léger experimenta algo que é difícil produzir, por exemplo, na pintura[165], ou seja, uma resistência hercúlea do espectador à repetição persistente de planos. Ele quer: "assustar, inquietar, exasperar o espectador, calculando o número de repetições que ele pode suportar e testando as reações dos operários e gente do bairro, estudando neles o efeito produzido... ele diz insistir até que o olho e o espírito do espectador não aguentem mais"[166]. Tal efeito pode nos dar uma sensação vertiginosa de falsa continuidade temporal, como em *Sailboat* (Joyce Wieland, 1967), em que vemos um barco navegando ao largo da câmera, mas que, na verdade, trata-se de um plano repetido que mostra exatamente o contrário: a sua inércia, tempo retido numa prisão do eterno retorno ao seu ponto inicial. O *looping* é uma técnica audiovisual aparentemente simples que usa um fragmento de

---

163 O filme estrutural traça uma primazia da forma sobre as tramas, existindo nele um trabalho de câmera baseado na sua fixidez, trilha sonora minimalista, um senso de composição enfatizado sempre pelo movimento do ator e formas geométricas repetidas, com ou sem variações, que se multiplicam no filme. Cf. Wheeler Winston Dixon e Gwendolyn Audrey Foster, *Experimental Cinema: The Film Reader*, *op. cit.*; P. Adams Sitney, *Visionary Film: The American Avant-Garde*, *op. cit.*
164 Wheeler Winston Dixon e Gwendolyn Audrey Foster, *op. cit.*, pp. 3-4.
165 Talvez a pintura futurista de Marcel Duchamp tenha trabalhado com algum sucesso a questão da figuração do movimento, principalmente em *Nu descendo uma escada n. 2*, de 1912.
166 François Albera, *L'Avant-garde au cinéma*, Paris: Armand Colin, 2005, p. 77.

imagem, repetido indefinidamente ou quantas vezes se quiser, usando técnicas de *fade* e de corte, fazendo com que um plano de poucos segundos possa durar o quanto se quiser na tela.

Essas experiências com a repetição e o engodo da imagem, através do filme estrutural, são aspirações profundas de cineastas experimentais, dos impressionistas franceses aos realizadores do Cinema Marginal brasileiro e os vanguardistas americanos, utilizando o dispositivo fílmico como instrumento para trazer à tona estados profundos da consciência humana: a resistência à imagem que persiste em retornar ao seu ponto inicial, à repetição de um motivo que torna a imagem do cinema não como algo aprazível, mas desagradável.

A repetição de planos nos filmes supracitados pode nos passar uma ideia de tempo atolado em si mesmo, de uma montagem elíptica ou circular. Sabemos que esses efeitos de repetição de planos vão contra os primados de realismo e podem nos remeter a uma série de realizadores: Júlio Bressane, Rogério Sganzerla, Robert Bresson, Robert Nelson, Jean-Luc Godard, Stan Brakhage, entre outros. Os efeitos de *looping* parecem ser materialmente simples nos exemplos supracitados, no entanto, eles foram usados em outras conformações imagéticas, dando a uma série de filmes um caráter psiconeurótico dissonante, ao mesmo tempo distante e próximo do princípio agregador de imagens que o *looping* instalou em muitos realizadores experimentais.

A primeira subversão às imagens similares justapostas pelo *looping* foi o que podemos chamar de "filme disfêmico"[167], ou seja, o filme em que há uma repetição voluntária de fragmentos da fala no mesmo plano, gerando um estranhamento na imagem e na evolução da trama do filme pela repetição *ad nauseum* do mesmo tropo persistente. Helena Ignez foi mestra em momentos disfêmicos, repetindo à exaustão as mesmas falas por toda a extensão da narrativa, gerando uma diegese enclausurada nessas frases sem nexo, sem evolução nem objetivo, puro exercício de

---

167 Disfemia é uma disfunção da fala caracterizada pela repetição de fragmentos de palavras, sílabas ou fonemas, popularmente conhecida como gagueira.

desconforto. Em *Copacabana mon amour* e *Sem essa, Aranha*, ela instala um princípio quase insuportável de repetição de falas, explicitando personagens demarcados pelo total rompimento com um tempo diacrônico: "Tenho pavor da velhice", em *Copacabana mon amour*; e "Planetinha vagabundo. O sistema solar é um lixo", em *Sem essa, Aranha*.

Dialogando com os filmes disfêmicos de Helena Ignez, temos aqueles outros em que falas persistentes nos levam ao que Jean-Claude Bernardet chama de "empilhamento pletórico de adjetivos [...] que assume às vezes a forma de lista"[168], uma enumeração caótica de exemplos de toda ordem. Em Godard, principalmente em *Tempo de guerra* (1963) e *Tudo vai bem* (1972), e em Sganzerla, sobretudo em *O bandido da luz vermelha*, personagens ou narradores designam uma série de dados dos próprios personagens ou da trama, fazendo até com que o espectador se perca nesse excesso de enumerações verborrágicas.

Godard leva, aliás, a materialização do *looping* a outras searas: não é mais somente a fala do ator que opera o *looping*, mas toda a matéria de seu corpo em micro ab-cenas[169], repetindo planos inteiros exaustivamente. Em vários de seus filmes, principalmente em *Viver a vida* (1962), *2 ou 3 coisas que eu sei dela* (1967) e *Tudo vai bem*, o ator é o elemento que leva o *looping* a se desenvolver, servindo de ponto de referência gráfico na imagem para facilitar, ou dificultar, o seu reconhecimento.

Kristin Thompson comenta[170] que a série de descontinuidades em *Tudo vai bem* instala a interrupção no fluxo das cenas, fazendo, algumas vezes, com que estas voltem ao patamar de onde se iniciaram: descontinuidade de gesto (mão que abotoa a blusa num plano, mão que está sob o queixo no seguinte) e quando a atriz se senta duas vezes no mesmo plano (repete a ação em *looping*).

---

168 Jean-Claude Bernardet, *O vôo dos anjos*, op. cit., p. 158.
169 Ab-cenas é um conceito usado por Júlio Bressane para designar cenas em que o mesmo diálogo, algumas vezes com as mesmas palavras, é reutilizado na sua (quase) totalidade.
170 Kristin Thompson, *Breaking the Glass Armor: Neoformalist Film Analysis*, Princeton: Princeton University Press, 1988, p. 118.

△ Helena Ignez e Guará Rodrigues em *A família do barulho*.
▽

△ Helena Ignez e Guará Rodrigues em *A família do barulho*.

Sganzerla e Bressane operam um procedimento similar ao de Godard, "revelador da instabilidade temporal" nesses filmes da Belair e do Cinema Marginal, que é "inserir, em situações e momentos diversos do filme, planos que foram evidentemente realizados na mesma filmagem"[171], o que denota um tempo nesses filmes que é absolutamente instável, apresentando um estado de total indeterminação.

Desde o exemplo de *looping* em *Balé mecânico* até os filmes de Sganzerla, Bressane e Godard, nota-se um avolumar dessas montagens elípticas nos cinemas moderno

---

171 Jean-Claude Bernardet, *O vôo dos anjos*, op. cit., p. 164.

e experimental, indo de um simples fragmento de plano, alguns fotogramas às vezes, até planos e cenas inteiras. Esse trabalho opera, então, uma extensão conceitual com o termo *looping*, sobretudo como fora usado e teorizado por P. Adams Sitney. O círculo de proposta de apreensão do tempo se torna um motivo particular que comenta o filme na sua estrutura, uma chave para o seu próprio deciframento.

O motivo do círculo ou da forma circular surge em vários momentos de *A mulher de todos*: no plano das anotações do recado no caderno, quando o rapaz para de escrever e rabisca círculos na página; nos planos dos *long-plays* durante o filme; nas bobinas dos toca-fitas em primeiro plano; no cata-vento; no pictograma em forma circular dos signos do zodíaco; na circularidade do "mapa-múndi" desenhado na lousa; nos rodopios do carro na praia, e em inúmeros outros exemplos. Essa pletora de motivos circulares aparece como uma afirmação gráfica de um tempo que nega a diacronia, a linearidade ou o desenvolvimento teleológico: o motivo circular, num nível mais localizado (micro), é a confirmação de uma estrutura (macro) que contamina esses filmes.

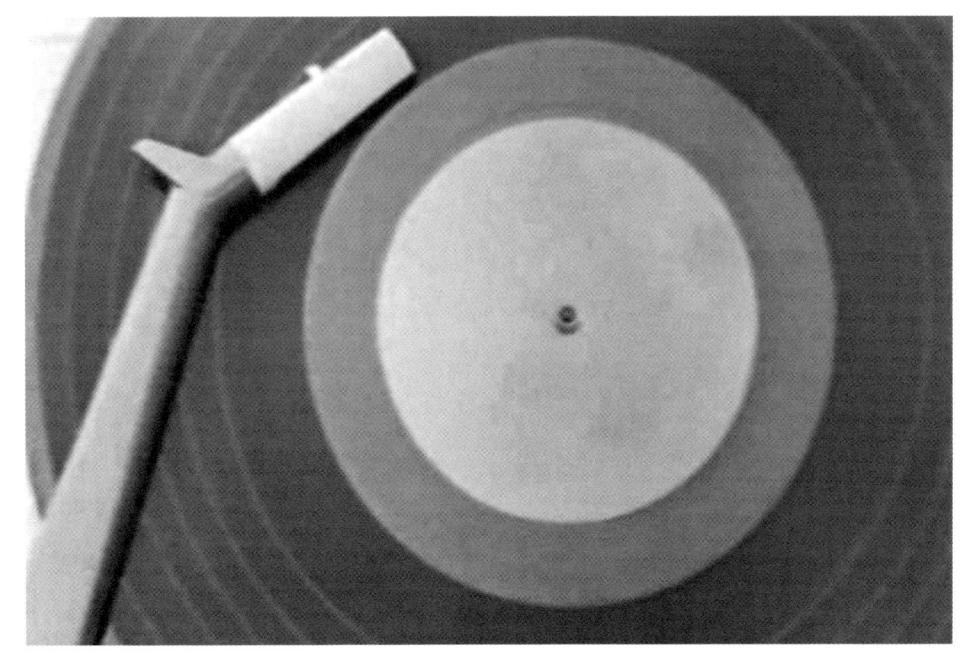

△ *A mulher de todos.*

△
▽ *A mulher de todos.*

Contudo, em um filme de Júlio Bressane, *Cuidado, madame*, a montagem elíptica toma outras conformações, experimentando com a figura gráfica do ator, com o retorno ao início da figuração, operando uma leitura embreativa[172] da atuação de Helena Ignez. Nesses dois planos que comentaremos a seguir, a "volta ao início", o retorno ao começo da figuração, tempo "circular", não ocorre entre planos, mas na mesma tomada, dando à encenação de Helena Ignez um tom de "ensaio filmado": a quebra de estatuto clássico da figura gráfica do ator através de um inovador gesto em *looping*.

A hipótese aqui é a de que esses dois planos geram uma presença porosa da ação do ator, fazendo com que sua imagem nos venha de modo desnorteador, pois não está claro qual instância da atriz vemos na tela. Ignez pode nos fornecer classes de uma mesma imagem de uma atriz em um filme, alterando nossa percepção ao nos oferecer, durante os seus gestos, elementos diferentes (vetores embreadores) de uma mesma imagem: *persona*-atriz-personagem.

Os dois planos mostram a personagem da patroa (Ignez), figurando advertências verbais à sua empregada doméstica. No primeiro plano, após quebrar um disco de vinil (o mesmo motivo circular de volta!), ela diz, furiosa: "Vitorina, eu já disse que não gosto de barulho. Sou uma pessoa nervosa"; no segundo, ela dá um ultimato: "Arrume suas coisas e vá embora". Esses dois planos seriam até banais se não fossem feitos seguindo o original estilo Bressane/Belair Filmes de *mise-en-scène*: cenários monocromáticos, atriz quase sempre "achatada" por uma parede ou porta atrás de si, ângulos de câmeras inesperados, ausência de interlocutor para a atriz (não há contraplano com a réplica da empregada) e um instigante jogo de ator.

1º plano: a ameaça. No primeiro plano, entre as frases pronunciadas duas vezes de maneira agressiva, Ignez move bruscamente a cabeça para trás, como querendo pontuar as duas frases. O movimento da cabeça separa as duas vezes em que ela

---

[172] Patrice Pavis desenvolveu o conceito de vetores na análise de atores. Há quatro tipos de vetores: embreadores, conectores, acumuladores e secionantes. Embrear é utilizar um mecanismo para modificarmos elementos de uma mesma classe. Se formos olhar para o verbete de dicionário, na sua literalidade, embrear é alterar posições, lugares ou classes ou unir elementos de classes. Cf. Patrice Pavis, *Vers une théorie de la pratique théâtrale: voix et images de la scène, op. cit.*, pp. 58 e 169.

faz a advertência. É, na verdade, a mesma repreensão, só que dita duas vezes, separadas pelo brusco movimento da cabeça para trás. No final da segunda repreensão ("Sou uma pessoa nervosa"), ela move novamente a cabeça para trás, deixando à mostra o pescoço magro; depois, de maneira espalhafatosa, vira-se, deixando esvoaçar os cabelos, e entra para o que parece ser a cozinha da casa.

△ *Cuidado, madame.*

2º plano: o ultimato. O segundo plano, também angulado em *contre-plongée*, contém um movimento em panorâmica para a direita. Ela continua as figurações das repreensões, chegando a um ponto final: o ultimato demitindo a empregada. Ela vira a cabeça para o lado — marcando a transição —, volta a se portar em ¾ para a câmera e repete a mesma frase, cinco vezes, ora somente parte dela ("Vai embora"), ora enfatizando o movimento dêitico dos braços.

△ *Cuidado, madame.*
▽

Os dois gestos que aqui chamamos de "marcação" são de difícil conceituação. Talvez o autor que mais se aproxima de uma taxonomia gestual que dê conta dessas marcações em *Cuidado, madame* seja Bernard Rimé, que classifica os gestos em três grandes grupos: ideativos, figurativos e evocativos. Os gestos que marcam transições e seccionam os discursos são os gestos ideativos de marcação, que se "apresentam em conformidade com as variações do contorno do discurso (pausas, acentuações, variações de entonação) [e] se manifestam de maneira privilegiada, associados às formas verbais mais diferenciadas e mais bem articuladas"[173]. O problema com a utilização da classificação de Rimé nos gestos de marcação de Helena Ignez é que ele articula abertamente os gestos com a emissão vocal, o que parece ser um procedimento distante do operado pela atriz. Os dois gestos que fragilmente nomeamos de marcação para as figurações de Ignez são "avulsos", não feitos para marcar pausas no fluxo da fala, mas para pontuar quebras no ensaio de planos que a atriz mostra acintosamente para a câmera (e, consequentemente, para nós!).

△ *Cuidado, madame.*

---

[173] Bernard Rimé, "Communication verbale et non verbale", *in: Grand Dictionnaire de la Psychologie*, Paris: Larousse, 2011, p. 183.

△ *Cuidado, madame.*
▽

△ *Cuidado, madame.*

Enquanto a ameaça no primeiro plano é feita com uma atuação contida (com exceção do gesto espalhafatoso de marcação de virar a cabeça para trás), há no segundo plano um gesto indicando a saída para a rua: um gesto evocativo dêitico[174], com o braço esticado para frente, movendo o dedo indicador para o lado — gesto trivial.

Esses dois planos mostram momentos semioticamente pregnantes. Temos, na tessitura dessa imagem, uma mulher, mas três camadas ou vias de análise. Vê-se uma cena de um filme de ficção, mas esse filme mostra o ensaio de uma cena e a efetivação de um gesto que será escolhido para compor o filme na montagem final. A atriz-personagem-*persona* da imagem mostra a mecânica do gesto e da sua voz algumas vezes, repetindo as figurações de modo a nos dar a certeza de que

---

[174] A gestualidade evocativa, que acompanha a palavra, pode direcionar, apontar ou indicar. Serve às funções de identificar, suplicar, reclamar, pedir informação. Esses gestos podem encontrar seu lugar em manifestações interacionais mais elaboradas, já durante a vida adulta, mas podem ser usados já na vida infantil. *Ibidem*, p. 182.

estamos vendo ali não somente a efetivação de um gesto ensaiado, mas a própria exposição de seu ensaio, dos vários modos como ele poderia ser feito, retornando ao momento de pausa para, em seguida, recomeçar outro "ensaio", efetivando o *looping* ou essa disfemia gestual[175].

Primeiro, vejo a imagem de uma mulher que se chama Helena Ignez (sua *persona*) na sua forma mais icônica, ou seja, o seu corpo fora dos meandros da atuação. No entanto, ao justapor num plano do filme *Cuidado, madame* três momentos diferentes — alguns momentos que seriam "ensaios" e um momento que seria a efetivação do gesto —, Bressane embaralha semioticamente as camadas que nos são dadas da imagem dessa atriz-personagem-*persona*, gerando a leitura porosa do ator, já mencionada. Outra subversão que Bressane produz com esses dois planos é o fato de que temos no filme montado fragmentos de planos que seriam — fora do gueto que separa e enclausura os filmes experimentais dos filmes industriais — jogados no lixo.

Outro momento em que o corpo do ator impõe a circularidade à forma do filme é a já analisada sequência de *Sem essa, Aranha*, em que a órbita circular de Helena em torno da câmera impede que a narrativa avance. O motivo circular da roda de pessoas e do prato de comida materializam a circularidade abstrata da dança entre o corpo da atriz e a câmera. No momento em que a câmera tenta se descolar de Helena para enquadrar o personagem mais "definido e convencional" do enredo, o tal Aranha, as linhas retas de um varal com roupas penduradas aparecem no fundo do plano, servindo de comentário visual, num movimento de representação parecido com o da primeira parte da sequência, com o prato e a roda de pessoas. Mas a vetorização da imagem não se sustenta e voltamos à circularidade inicial, com a presença de Ignez arrastando de novo a câmera para a roda do baião. A força motriz circular imposta pelo corpo da atriz é o que vence no final das contas, manifestação da sua autoridade sobre a forma da *mise-en-scène*.

---

175 Comparar com o que Sontag chamou de "a kind of gestural stutter" nos *happenings*. Cf. Susan Sontag, "Happenings: An Art of Radical Juxtaposition", *Text Revue*, Berlin: 2009, n. 7. Disponível em: <http://www.text-revue.net/revue/heft-7/happenings-an-art-of-radical-juxtaposition/text>. Acesso em: abr. 2020.

O continente e seu conteúdo

A maneira como o corpo de Helena Ignez figurou os estados exacerbados da crueldade e a "dor" artaudianas e os seus conflitos internos produzidos em plataformas gestuais externas é resultado de uma interface criativa que ela desenvolveu em relação a algumas produções teatrais e cinematográficas modernas, da *Nouvelle Vague* aos cinemas experimentalistas. Se tomada como um corpo teórico único, a herança artaudiana deixada nos cinemas modernos pós-Segunda Guerra Mundial é profunda, multiforme e fruto de debates sobre a fidelidade aos seus princípios ou, pelo contrário, a sua completa subversão. Cabe sempre, então, ao falarmos de Helena Ignez, guardar esse ponto de referência em mente, mas saber que as ambiências criativas da poética de seu jogo carregam plataformas estéticas que lhes são peculiares, ora retomando Artaud em chave aproximada, ora esgarçando a fatura.

O corpo de Helena Ignez assume um dispêndio ou exaurimento de suas energias vitais através de uma série de momentos em que ela permite expelir de seu corpo matérias ou fluidos interiores. Seu corpo possui também outra característica que leva a um limite extremo sua matéria física como estatuto de invólucro, de armadura: ele possui uma porosidade, uma permeabilidade, que não permite que as suas matérias, as secreções, os fluidos e/ou até mesmo alimentos ou bebidas semidigeridos permaneçam no seu interior, gerando o grotesco da figuração. Um continente pouco confiável na (aparente) simples tarefa de confinar nos seus territórios internos os conteúdos que lhe fazem parte, rompendo com o seu frágil equilíbrio homeostático.

Além de o corpo do ator não ser uma armadura confiável, sua própria imagem fica problematizada por alguns pontos cruciais, como a não confiabilidade de uma imagem fugidia (como resultado de um programa estético que promove a opacidade); filmes cujo estatuto das imagens e a espectatorialidade estão sempre *sub judice*[176] e um corpo cuja interioridade e exterioridade não possuem fronteiras, segundo Bernardet[177], espalham-se pelo mundo.

---

176 Como vimos no tópico "A evidência documental no jogo experimental", *supra*.
177 Jean-Claude Bernardet, *O vôo dos anjos*, op. cit., pp. 165-6.

Esse trabalho parte da hipótese de que os temas, os princípios figurais e as vertentes criativas das artes se relacionam num complexo processo de multi-influências, diálogos criativos e migração de temas que não somente transgridem as fronteiras entre as matrizes de linguagem (som, imagem, verbo), mas também entre os meios (mídias) possíveis (teatro, artes visuais, literatura, música). Portanto, como esse espalhamento de fluidos e líquidos se materializaria graficamente nas imagens desses filmes? Como Helena Ignez figuraria o transbordamento de matérias, fluidos corporais ou alimentos semidigeridos? Há uma pletora de momentos em filmes marginais brasileiros em que gestos alegóricos dão conta de tornar gráficos programas estéticos definidos. Para figurar a total ausência de direcionamentos claros, a resistência a um estado de exceção, deambulações sem objetivos, usam-se gestos de espalhamento: derramar, disparando ou ejetando líquidos em locais inapropriados ou em outras pessoas, atirar com revólver para direções erráticas, jogar lixo ou qualquer objeto para fora dos seus lugares corretos, cuspir líquidos, secreções ou fluidos no rosto de outras pessoas, cuspir comida semidigerida, babar vômitos ou sangue. Obviamente, há algumas pequenas variações desses espalhamentos, mas considera-se que essa lista dê conta do programa básico de tais figurações.

Bernardet afirma que, nessas figurações, as fronteiras entre os personagens e o "conjunto do espaço em geral"[178] não são firmemente estabelecidas; não há demarcações claras entre o interior do corpo e o mundo circundante, transformando o corpo do ator numa cápsula de plástico, facilmente perfurável, organismo que deixa vazar, de maneira absolutamente repulsiva, suas matérias interiores. A ação de espalhamento "não se volta para um ponto preciso, espalha-se [fluido, secreção] a esmo pelo mundo afora, é difusa. [...] A água sai [...] em todas as direções, espalhando-se desordenadamente pelo mundo sem um ponto fixo, sem a força de uma direção; [...] não tem demarcação, não tem fronteiras. [...] O limite dessa ausência de limites é o total espalhamento, o desaparecimento, a morte"[179].

---

[178] *Ibidem*.
[179] Jean-Claude Bernardet, *O vôo dos anjos*, op. cit., pp. 166-7, *passim*.

△ Paulo Villaça em *O bandido da luz vermelha*.
▽ Otoniel Serra em *Copacabana mon amour*.

O espalhamento nas figurações de Helena Ignez se dá numa série de momentos de seu jogo em que seu corpo não possui interioridade ou exterioridade demarcadas claramente; suas fronteiras, difusas, não conseguem conter essas secreções ou materiais internos que, desgovernados, espalham-se pelo mundo. Há um esforço seu em exibir elementos da essência humana que são da parte do repudiável, do inaceitável, em termos de aceitabilidade social, que o grotesco da cusparada de Sônia Silk no prato e em Vidimar (Otoniel Serra) só exacerba. Essa plataforma do repudiável é um *éthos* de sua corporalidade (e não somente dela) que Helena Ignez carrega nesses seus trabalhos experimentais, um certo controle — ou sua total falta — do seu corpo que se externaliza pelos seus movimentos e atitudes.

△▽ Helena Ignez e Otoniel Serra em *Copacabana mon amour.*

O tema dos espalhamentos e do corpo poroso é uma herança de longa data do naturalismo atoral que substituiu o homem abstrato, mítico e metafísico por um homem fisiológico, um organismo palpável. Damour[180] ressalta que o naturalismo no cinema trouxe para o primeiro plano atores que transpiram na tela, que se cansam, comem, espirram, evidenciam reais dores físicas e mostram esse extrato corpóreo arrebatador.

O tema plástico do espalhamento, a questão da porosidade do continente que não consegue manter o seu conteúdo restrito dentro das suas fronteiras, foi recorrente nas artes plásticas e nas vertentes neoconcretas de artistas brasileiros como Lygia Pape e Cildo Meireles, e de outros filmes marginais brasileiros nos anos 1960 e 70. Experimentou-se nas artes plásticas no Brasil uma série de instalações, *ready-mades*, foto-experimentações e "ambientes" montados em exposições, galerias e museus sobre temas que lidavam com materiais contidos em receptáculos, derramamentos de líquidos e respingos de águas ou outros líquidos que dialogavam de forma profícua com os filmes marginais e, principalmente, com as figurações de Helena Ignez na Belair Filmes. O ideário do receptáculo que tenta conter seu material esteve presente na extensa e eclética obra de Lygia Pape, uma escultora, pintora, cineasta e artista multimídia brasileira. Sugestivas também são as instalações que o artista multimídia Cildo Meireles produziu no final dos anos 1960, interagindo de maneira reveladora com as questões do espalhamento no cinema brasileiro experimental.

Muitas das instalações trazem esses motivos da vermelhidão (sanguínea?) absoluta, ora tentando manter sob controle seu conteúdo, como a instalação de Pape, ora contra um fundo monocromático ou um recipiente que persiste em não conter o líquido no seu interior. Não se pode deixar de notar nessas obras, com os temas dos respingos ou derramamentos de "líquido vermelho", o fato de que, na sua fatura, dialogam com as figurações constantes em filmes como *Matou a família e foi ao cinema*, *A família do barulho* e *Cuidado, madame* sobre o tema da tortura física que relega o corpo do

---

180 Christophe Damour (org.), *Jeu d'acteurs: corps et gestes au cinéma*, Estrasburgo: Presses Universitaires de Strasbourg, 2016.

torturado a um recipiente permeável de sangue e fluidos, num estrito processo de *ecoização* de figurações que tinha na tripofobia um elemento aglutinador.

Para deixar ainda mais explícita essa interação de procedimentos e estratégias entre obras de artes de diferentes matrizes, temos que analisar a abertura dos créditos do filme chamado *Nosferatu no Brasil* (Ivan Cardoso, 1971). Numa cena que é uma graficalização alegórica dos derramamentos de sangue contemporâneos à produção do filme, o cineasta Ivan Cardoso montou e inseriu uma instalação ou performance que é a materialização do diálogo entre cinema e artes plásticas, entre os receptáculos e instalações de Lygia Pape e Cildo Meireles e os transbordamentos de fluidos e sangue que inundaram os filmes experimentais brasileiros dos anos 1960 e 70.

O plano dura aproximadamente setenta segundos: temos na imagem um objeto impossível de se identificar, pois parece um saco preto e redondo, de material flexível, colado numa parede. Entra no quadro uma mão, que pode ser a do próprio cineasta, e corta o saco com uma lâmina, saindo dele um líquido avermelhado espesso e viscoso que se espalha pela parede e pelo chão, revelando, no meio de seu percurso, os créditos iniciais com o título do filme. O realizador considerava essa performance na abertura de *Nosferatu no Brasil* uma verdadeira obra de arte plástica, que foi enaltecida pelos poetas concretos e pelo escritor e jornalista Torquato Neto, que usou as imagens da performance para ilustrar a contracapa da revista *Navilouca*[181].

Helena Ignez também não ficou de fora dessa parada de derramamentos de sangue, confirmando em *A mulher de todos* que ela vampirizava os homens, pois se declarava "arqui-inimiga" de todos eles. Embora as mordidas de sangue não estivessem presentes somente nos filmes e nas figurações da atriz, ela levou o tema da vampirização e das perfurações às paragens do Cinema Marginal brasileiro com toda a sua energia iconoclasta e libertária.

---

181 Houve uma edição única da revista, com coordenação editorial de Torquato Neto e Waly Salomão, publicada após a morte de Torquato, em 1974.

Aqui, Helena "perfura" o corpo do rapaz para sugar seu sangue, que se "espalha" pelos lados da boca, numa figuração grotesca que efetiva uma série de programas gestuais no Cinema Marginal brasileiro cujo tema era a perfuração, a facada, a mordida, ora deixando que objetos exteriores ao corpo pudessem adentrá-lo, ora deixando que fluidos ou materiais corporais dos mais variados saíssem do corpo para o espaço exterior, materializando os espalhamentos e as problematizações sobre o continente e o conteúdo. No entanto, a vampirização provém de uma herança de ideias e programas estéticos ainda mais longínquos e profícuos.

A vampirização não é só um tema que promove um diálogo entre esses filmes experimentais brasileiros e o cinema industrial do gênero horror e seus subgêneros (o filme de monstro, o *gore*, o *slasher*), mas reaquece uma referência bem mais sólida entre o cinema e as vanguardas brasileiras do início do século XX, sobretudo com os princípios modernistas do *Manifesto da Poesia Pau-Brasil* e do *Manifesto Antropofágico*, ambos publicados pelo escritor Oswald de Andrade, respectivamente, em março de 1924 e maio de 1928. A "deglutição antropofágica" pregada por ele nos seus manifestos era uma forma de se utilizar intertextos com outras formas de cultura, outros cinemas, outras literaturas, enfim, utilizando essas fontes, "vampirizando-as", para depois "digeri-las e vomitá-las" de maneira transformada e transformadora, dando a elas a forma híbrida do produto da cultura de massa *made in Brazil*. Segundo Ismail Xavier,

> Se no horizonte maior o modelo é Oswald de Andrade, o [cineasta] "marginal" muda os termos da antropofagia; sai de cena o que se extraía do cânone do modernismo e da melhor tradição literária e entram as formas do imaginário urbano menos prestigiadas, como a cultura do gibi, do teatro-circo de periferia e, [...] as formas híbridas identificadas com o mau gosto, como os gêneros [literários, cinematográficos] à margem [...].[182]

---

182 Ismail Xavier, "O Cinema Marginal revisitado, ou o avesso dos anos 90", *in:* Eugênio Puppo (org.), *Cinema Marginal brasileiro e suas fronteiras: filmes produzidos nos anos 60 e 70*, São Paulo: Hecco Produções/CCBB, 2004, p. 24.

△ *A mulher de todos.*
▽

A mulher de todos.

Oswald de Andrade foi a energia que "representara a fragmentação radical, a força intuitiva e violentamente iconoclasta"[183] que lançou as bases de uma cultura brasileira. A própria Helena Ignez já afirmara que seu jogo atoral era "tropicalista", aludindo ao movimento musical popular brasileiro do final dos anos 1960 e que tinha na antropofagia oswaldiana a base para seu programa estético. O mito do vampiro, retomado por Ignez em *A mulher de todos* e por Ivan Cardoso em *Nosferatu no Brasil*, é um belo exemplo de *motif* sendo parodiado pelo Cinema Marginal brasileiro, numa prática de deglutição antropofágica típica das premissas da tropicália e dos manifestos de Oswald de Andrade. Na verdade, o *motif* do vampiro e da vampirização, dos derramamentos de fluidos corporais, funciona de duas maneiras: como apropriação de uma iconografia do gênero de horror e como uma alegoria antropofágica.

O espalhamento ou a perda do controle do conteúdo pelo continente se faz presente numa cena paradigmática do caráter de citações e homenagens que o jogo atoral de Ignez produz. Em *A mulher de todos*, na Ilha dos Prazeres Proibidos, entre uma dose e outra de uísque e uma escapadela das vistas do ciumento marido, o Dr. Plirtz, Ignez não se faz de rogada e, numa encenação frontal, se abaixa no meio da mata fechada e urina, incólume.

O que estava em jogo nesse plano da urina não era somente o arcabouço de figurações escatológicas presentes no Cinema Marginal e na Belair, mas também o fato de Helena Ignez e Rogério Sganzerla terem compartilhado uma série de princípios estéticos e valores ideológicos que geraram esses filmes tão "fora do comum" dentro da história do cinema brasileiro.

Além disso, é notória a citação e homenagem à dupla, que talvez tenha inaugurado o que se considera hoje o ator moderno no cinema: o realizador Ingmar Bergman e a atriz Harriet Andersson em *Mônica e o desejo*. Lá, como aqui, estamos no verão, a atriz está numa ilha, há um namorado lá e um marido à espreita aqui. Se em *A mulher de todos* o diretor é o marido da atriz, que a expõe em seu máximo de sensualidade, em *Mônica* o diretor está no mínimo, segundo as palavras de Bergala[184], "apaixonado [pela atriz]

---

183 Caetano Veloso, *Verdade tropical*, op. cit., p. 178.
184 Alain Bergala, *Monika de Ingmar Bergman*, op. cit., p. 46.

e de quem tem ciúme". No filme de Bergman, a atriz tem consciência dessa relação, dessa proximidade e intimidade com o diretor. Contudo, enquanto Ignez não exibe qualquer pudor de se abaixar e urinar na frente do marido-diretor (e do público), idioleto atoral explícito da atriz, Andersson "revela" sua relação dúbia de objeto do filme e objeto de desejo de Bergman, se escondendo da câmera do filme e do diretor, confirmando o que Bergala chama de brincadeira de "gato e rato" entre Andersson/Mônica e Bergman/diretor — homem apaixonado. Se Bergman amava e sentia ciúme de sua atriz, Sganzerla tinha, no mínimo, mais desapego e ironia pelo seu objeto de desejo (é só pensar no título *A mulher de todos*), tecendo com sua atriz uma intricada rede de afinidades e parcerias que não previam a anulação da mulher e sua limitação a objeto de desejo do homem. Se Mônica também devolve o olhar de Bergman e do espectador no final do filme, Helena, mais tarde, tornar-se-á dona do olhar de desejo e amor sobre Sganzerla, quando da sua passagem à direção — veja análises finais deste livro.

O grotesco e o abjeto das figurações das cusparadas, das regurgitações, dos derramamentos de líquidos e de sangue no Cinema Marginal e na Belair foram escolhas estéticas desses filmes que praticamente servem de ideário para quase toda uma geração de realizadores brasileiros. O grotesco é uma forma de retomada do homem com sua animalidade, com suas ancestralidades na selva, misturado a vegetais, animais e minerais do mundo. É uma reconciliação com sua biologia animalizada que ele, ao curso do processo que o transformou em ser "civilizado", citadino, tentou se distanciar, ao efetivar uma série de procedimentos: a) educação para os bons modos; b) rejeição de gestos, posturas e movimentos que ele considera não ser de "bom gosto"; c) uso da fala de modo apropriado ao recato e ao decoro; d) o encobrimento do seu corpo com materiais que escondem nosso passado de animal primitivo, entre outros procedimentos. Não é aleatória a afirmação de Muniz Sodré de que quase toda a expressão do sentido de "gosto, preferência" é voltado da cintura para cima, para o "sublime", e que toda expressão estética da cintura para baixo pertença ao gosto vulgar: o grotesco é a nossa repulsa do espírito, e a nossa (culpada?) atração pelo corpóreo[185].

---

185 Muniz Sodré e Raquel Paiva, *O império do grotesco*, op. cit., 2002.

A figuração da "peste"

Artaud concebera o corpo do ator como um princípio dinâmico que rejeitava a ordem social estabelecida, a qual estava em profunda crise no final da década de 1960 no Brasil. Assim, as pesquisas atorais de Helena Ignez irão, em muitas produções do pós-AI-5, figurar como uma manifestação da "peste"[186]. Se levarmos em conta a plástica da figuração da "peste" feita na Sorbonne, comentada e descrita por Anaïs Nin[187], Artaud a concebia não como o resultado de um projeto artístico, mas como uma experiência verdadeiramente vivida. Estávamos nos meandros de um ator convulsivo, em figurações viscerais, em verdadeiras "performances da dor"[188] que empreendiam com o público vias de comunicação que pudessem tirá-lo da letargia.

É ilustrativo, então, concluir que foi em consonância com esse desejo pleno de interação que The Living Theatre encenou *Mysteries and Small Pieces*, em 1964, uma série de esquetes que incorporava encenações ritualísticas como o *yoga*, os *tableaux vivants* e que culminava com a figuração da "peste" artaudiana, numa "representação de uma aterradora agonia de empestados que se espalhava por todos os pontos da sala"[189]. A peste foi concebida por Artaud como uma metáfora sobre o espírito alterado organicamente "por um mal que o impede de ser o que deveria ser":

> Existe dentro dessa luta terrível entre eu e as analogias que pressinto, e em minha impotência de petrificá-las em termos, para me tornar fisicamente dono da totalidade do meu tema, um espetáculo perturbador que irrita as pessoas pouco preparadas para uma certa limitação do pensamento.

---

186 O imaginário da peste esteve fortemente presente na narração da doença que solapa a vida do Dr. Arthur, protagonista do documentário de Arthur Omar, *Triste trópico* (1974). Os sintomas apresentados em voz *over* narram o périplo de sua vida sob uma doença misteriosa, pois apresentava sintomas disparatados, constatados no seu cadáver: "Sob a direção de um franciscano com abscessos, vermes intestinais e pústulas no rosto [...]", "epidemias de varíola, fígados que explodem, penitências de sangue, "malária, tuberculose e alcoolismo grassavam em Santa Cruz", "estava dependurado numa árvore, comendo carne crua e repugnante, orelha de cachorro, rabo de serpente e lesmas", "tinha os olhos tão inchados que pareciam dois seios", "constatando no crânio do cadáver as linhas básicas da presença do crime e da loucura" etc. Cf. Ismail Xavier e Cristina Duarte, "O avesso do Brasil", *Cinémas d'Amérique Latine*, Toulouse: 2001, n. 9, p. 78.
187 "Tinha o rosto em convulsões de agonia e os cabelos ensopados em suor. Os olhos dilatavam-se, enrijava os músculos, os dedos lutavam para conservar a flexibilidade. Transmitia-nos a secura e o ardor da sua garganta, o sofrimento, a febre, o fogo das suas entranhas. Estava em plena tortura. Berrava. Delirava. Representava a sua própria morte, a sua própria crucificação" (Antonin Artaud, *Eu, Antonin Artaud*, Lisboa: Hiena, 1988, pp. 18-9).
188 Cf. Guiomar Ramos, *Um cinema brasileiro antropofágico? (1970-1974)*, São Paulo: Annablume/Fapesp, 2008, p. 114.
189 Nota de Aníbal Fernandes em Antonin Artaud, *Eu, Antonin Artaud*, op. cit., p. 21.

Quando proponho considerar a peste unicamente como uma entidade psíquica, quero dizer que não temos o direito de nos deter nos fenômenos materiais, de petrificar nosso espírito sob formas, unicamente sob formas, e qualquer que seja a perversão orgânica, ela é apenas a onda mais distante, a última ressaca de uma situação vital da qual a consciência, a vontade, a inteligência, participaram algum dia; assim sendo, seria vão considerar os corpos como organismos impermeáveis e fixos[190].

Não são poucos os momentos na Belair em que o mundo da crueldade de Artaud ascende ao nível das relações entre os personagens, impregna os processos de poder e violência que trespassam suas vidas, ou seja, a crueldade de Artaud é um elemento que se cristaliza em inúmeras produções marginais e na Belair e que a figuração de Ignez da baba de sangue, figuração da "peste" artaudiana, vai materializar com maestria[191]: o mal da peste toca o corpo e o transtorna ao extremo, e o corpo finalmente remanesce intacto; e, ao ser tocado, parece que o foi não em sua matéria, mas em sua consciência e em sua vontade. Porém, tocado ou não, a peste é igualmente perfeita, com ou sem lesão real do organismo.

Muniz Sodré descreveu o que chama de "desvio teratológico" de uma certa mitologia popular sobre esses seres que são ou efetuam ações que os tornam sobrenaturais, deformados ou anômalos aos olhos dos outros. Incluem-se nessa mitologia do abjeto as "sujeiras" e fluidos corporais e a atração pela aberração, sobre os quais ele advoga que "O *éthos* da cultura de massa brasileira, tão perto quanto ainda se acha da cultura oral, é fortemente marcado pelas influências escatológicas da tradição

---

190 Antonin Artaud, *Linguagem e vida*, op. cit., p. 112.
191 É sintomático o fato de que Artaud (*O teatro e seu duplo*, op. cit., p. 17), ao descrever o corpo possuído pela peste, enumera os sintomas como se pudesse dissecar o cadáver do doente. Assim, ele fora capaz de relatar, com detalhes, o processo de tomada do corpo pela doença: "ouve, dentro de si, os fluidos do seu próprio corpo, a sussurrar. Despedaçados, a funcionarem cada vez mais precariamente, numa vertiginosa aniquilação de tecidos, sente cada vez mais os próprios órgãos cada vez mais pesados, a transformarem-se gradualmente em carvão". Escura é também a baba que sai da boca de Ignez: analogia evidente. A coloração escura das substâncias e fluidos corporais do corpo empesteado ilustram a conexão com a figuração da atriz. As figurações das erupções de resíduos e de substâncias fluidas do corpo de Ignez e da mulher da imagem de Lygia Pape são quase uma figuração das descrições de Artaud sobre a peste: "O cadáver duma vítima da peste não revela lesões, ao ser aberto. A vesícula biliar que tem de filtrar os resíduos do organismo, densos e inertes, está repleta, inchada, ao ponto de quase estoirar, com uma substância fluida, negra e viscosa, tão densa que dá ideia de ser uma outra substância completamente nova. Também o sangue nas artérias e nas veias é negro e viscoso" (*ibidem*, p. 22).

popular"¹⁹². Para marcar essa influência escatológica, imagens produzidas pela artista plástica Lygia Pape e a atuação de Helena Ignez provam que esse imaginário teratológico perpassou uma série de figurações do corpo humano nas matrizes imagéticas produzidas no Brasil a partir dos anos 1950, unindo o objetivo estético da alegoria com a denúncia política escancarada. É o que provam alguns dos "poemas visuais" de Pape — série de fotografias plasticamente retrabalhadas — e a baba de sangue de Helena Ignez em *A família do barulho*.

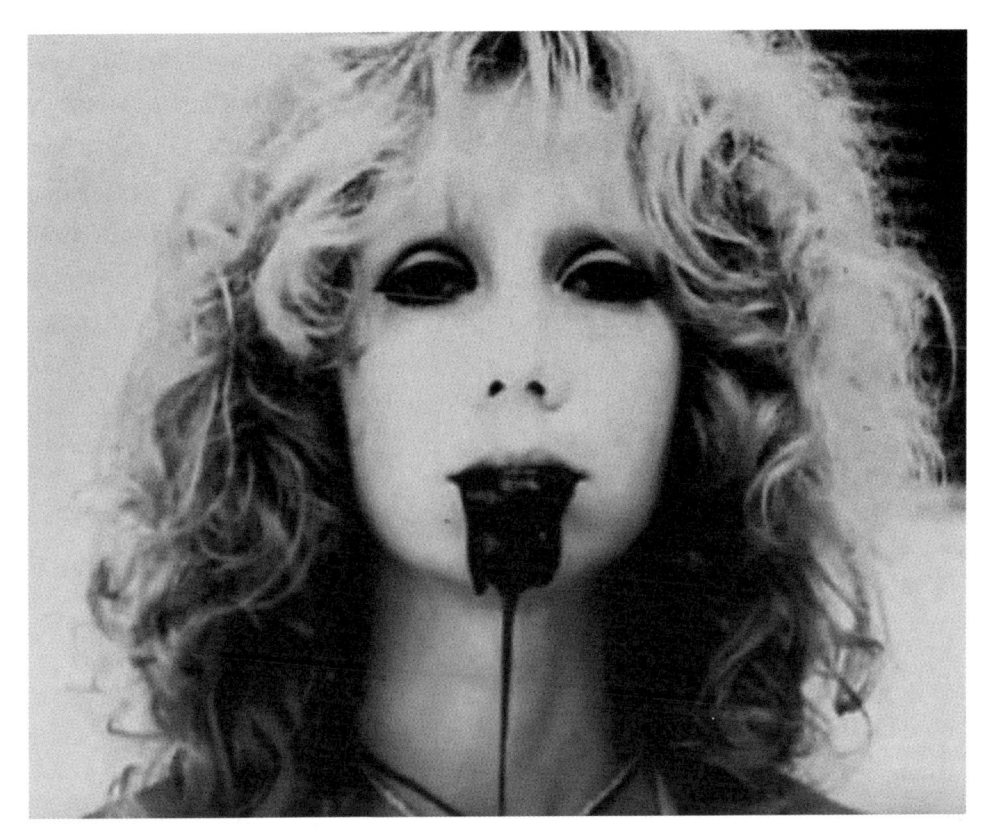

△ *A família do barulho.*

A relação óbvia que guarda essa imagem do filme com um desses poemas visuais, *A língua apunhalada* (Lygia Pape, 1968), reforça a ideia do trânsito do espírito do

---

192 Muniz Sodré, *A comunicação do grotesco*, Petrópolis: Vozes, 1980, p. 38.

tempo entre a artista-fotógrafa e Helena Ignez, ambas representando alguns sentimentos que assolavam a arte brasileira de então e envolviam questões ligadas à tortura, ao silenciamento e à violência como marcas do seu tempo. Mais uma vez, a iconografia criada por Ignez ultrapassa o cinema e vai posar sobre outras frentes da expressão artística também sequiosa de liberdade. Essa imagem de Ignez vertendo sangue pela boca se tornou uma espécie de — perdoem o oximoro — "iconografia oficial do Cinema Marginal brasileiro", tamanha a sua força de estupefação, de *éclatement*: imagem eterna. A figuração da baba de sangue é uma transformação da peste da sociedade em sintomas que o corpo de Ignez potencializa[193], uma espécie de bílis, de cólera ou uma expressão da agonia tornada gráfica no cinema da tradução intersemiótica de Júlio Bressane. Se a peste é para Artaud tudo o que contribui para a corrupção física ou moral, ou uma quantidade cavalar de uma substância prejudicial ao corpo, uma doença perniciosamente contagiosa que faz sucumbir o tecido social, o corpo empesteado de Ignez figura e catalisa o esfarelamento de uma ordem estabelecida e as consequências alegóricas dessa doença para o Brasil daquele final dos anos 1960. Nas palavras de Fernão Ramos:

> A representação do abjeto traz consigo uma presença inevitável que sua concretização enquanto imagem provoca: o horror. Não o horror moralista em face da existência do que a boa ética condena, mas um horror mais profundo, advindo das profundezas da alma humana — um horror de temores pré-históricos e incomensuráveis — e que aflora em toda sua potência original. O horror com seu lado grotesco, com seu lado repulsivo, seu lado de terror, é um dos elementos característicos do Cinema Marginal. O horror sem medida, que atinge a tudo e a todos [...][194].

A partir do momento em que o grotesco em geral é associado ao desvio de uma norma expressiva dominante, as ideias expressas pela contracultura talvez tenham contaminado todas essas manifestações artísticas agressivas (utilizando-se do gro-

---

[193] No catálogo *La Femme du bandit*, sobre a retrospectiva da obra de Helena Ignez no 20º Festival Internacional de Filmes de Friburgo, na Suíça, em 2006, Stephen Berg liga a baba de sangue em *A família do barulho* ao tema do "cinema do corpo", exposto *supra*. Berg relembra as aulas que Ignez teve com Janka Rudska e com Juana de Laban na ETUFBA, em Salvador, e diz que ela "encarna na sua arte o seu próprio corpo", uma coreografia de movimentos minimalistas vindas da dança. Cf. Stephen Berg, "Helena Ignez: portrait", *in*: 20º Festival International de Films de Friburgo, 2006, Friburgo. Catálogo, pp. 96-7.
[194] Fernão Ramos, *Cinema Marginal (1968-1973): a representação em seu limite*, op. cit., pp. 118-9.

tesco) para ferir esse *establishment* cultural e, no Brasil, alegoricamente, a ditadura militar. Não era somente a "boa ética" citada por Ramos que estava sendo confrontada, mas, de maneira sinedóquica, toda a elite conservadora de um país.

O corpo de Helena Ignez não foi somente o vetor de agressões que ela perpetuava contra esses homens inesperadamente frágeis e indefesos perante sua fome devassadora, mas ela também foi vítima de violências e hostilidades várias. Nesses filmes, a atriz foi esfaqueada, baleada, violentada e sofreu todo tipo de morte violenta: ora por um personagem masculino cínico e vingativo, como o seu marido em *A mulher de todos*, ora por mulheres simplesmente motivadas por desejos assassinos, como em *Cuidado, madame*, mas também por um rapaz tímido em *Cara a cara*.

Essas perfurações no corpo de Helena Ignez tomam conformações várias e perpassam muitos filmes marginais. Assim, o assassinato de uma das patroas (Ignez) por uma das empregadas domésticas (Maria Gladys) em *Cuidado, madame* e o golpe de faca no suicídio de Isabel (Ignez) em *Barão Olavo, o horrível* marcam um tipo de configuração gestual da perfuração que podemos classificar como resultado das pesquisas temáticas e plásticas empreendidas na Belair pelos componentes do "núcleo duro" da produtora: Bressane, Sganzerla, Ignez, Guará Rodrigues e Maria Gladys.

△ Maria Gladys em *Cuidado, madame*.

△ Helena Ignez em *Barão Olavo, o horrível*.

A semelhança de postura e encenação (de costas para a câmera), a exemplaridade do gesto do golpe com uma faca, com o braço esticado para o alto, dando-lhe uma amplidão não naturalista, expondo o excesso e o maneirismo do movimento, é o mais óbvio exemplo de que havia um interesse figural do golpe de faca ou objeto cortante e na experimentalidade da encenação do ator de costas para o dispositivo (e para os espectadores), repetindo-o entre filmes[195].

---

195 A encenação de costas está presente também em *A família do barulho*, provando que a repetição de procedimentos é uma prática normal nesse cinema dos primórdios da carreira de Júlio Bressane.

△ *Cuidado, madame.*
▽

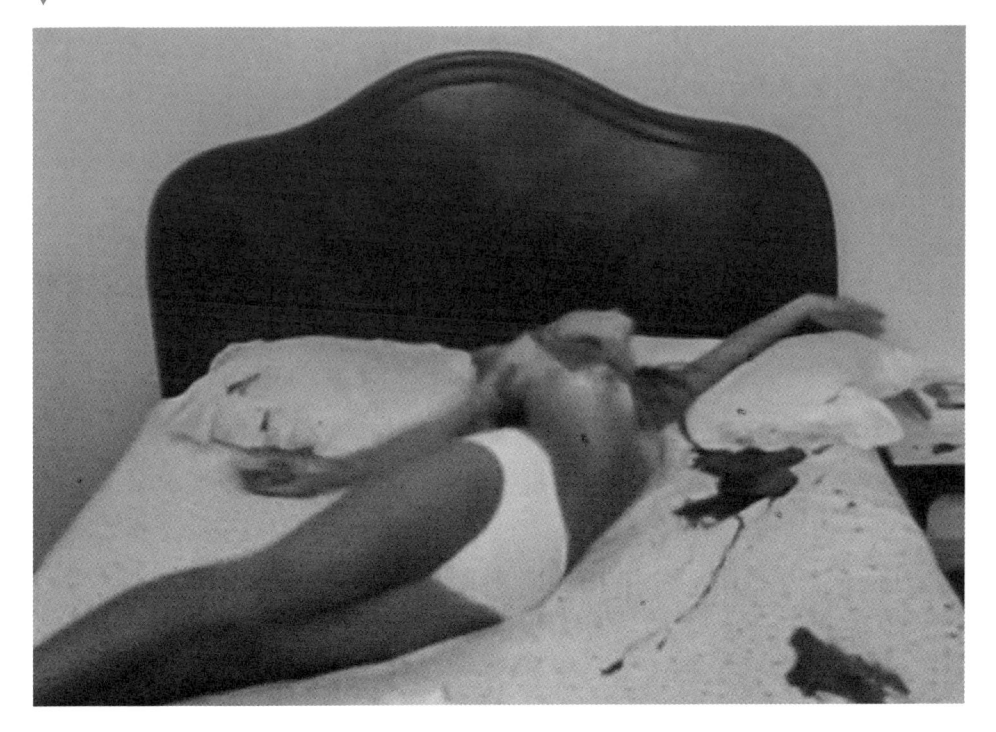

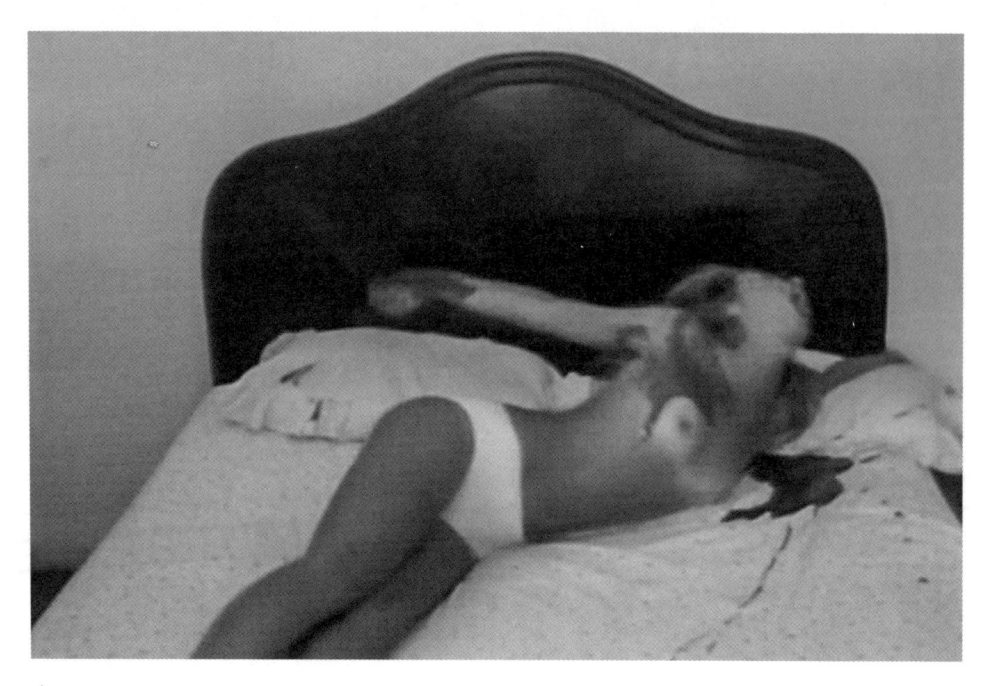

△ *Cuidado, madame.*

Erotismo e maquinismo

Trazer para o primeiro plano as relações amorosas de Ignez, na sua vida privada, com os diretores desses filmes é uma empreitada delicada, como já nos provou Luc Moullet[196] quando fez alusões — não aprofundadas — sobre o tema da homossexualidade em vários filmes da dupla Cary Grant/Howard Hawks e sobre como esse tema poderia ter sido uma indicação da homossexualidade do próprio ator, dada a sua repetição excessiva. Contudo, em razão do caráter absolutamente diverso dessas relações, algumas considerações se fazem necessárias.

Alguns trabalhos teóricos sobre o Cinema Marginal brasileiro dão conta dessa profusão de entrelaçamentos entre personagem e *persona* do ator[197]. Jean-Claude Bernardet descreve um plano no filme *Câncer*, em que

---

196 Luc Moullet, *Politique des acteurs: Gary Cooper, John Wayne, Cary Grant, James Stewart*, op. cit.
197 Fernão Ramos (org.), *História do cinema brasileiro*, op. cit., 1987.

> Os atores improvisavam sobre temas fornecidos pelo diretor. Neste plano, Odete Lara sai de seu personagem e passa a confessar publicamente as suas angústias [privadas]. O modo da confissão é perceptível pelo tom da voz, pelo ritmo da fala, pela expressão facial; por ser ela uma boa atriz poderíamos pensar que não é nada demais, mas, se quisermos provas, veremos que o que ela diz bate com declarações do seu livro de memórias[198].

Nicole Brenez, ao comentar a formação do trabalho da atuação como um jogo de elementos processuais vários, descreve a presença do ator como uma tessitura povoada de camadas em que "noções de pessoa e de identidade pessoal vêm à tona, através do trabalho do ator, que expõe e desnuda a maneira como os elos entre a criatura da vida real e sua *imago* (o ideal do ser, projeções psíquicas em geral) se interligam ou se desconectam"[199]. Assim, é natural — e até programaticamente requerido — que essas obras (fílmicas, pictóricas, teatrais, literárias etc.) nos anos 1960 no Brasil tivessem esses elementos de composição como acasos, equívocos, enfim, uma "pessoalidade" que as faria menos sintéticas e artificiais sem os fatos caóticos e surpreendentes da vida real[200].

As relações que esses filmes empreendem com o corpo de Helena Ignez são sugestivamente portadoras de uma libido plástica, uma força motriz capaz de gerar encenações de puro prazer escopofílico, como a aludida cena do sarau de Luiz Gonzaga (*Sem essa, Aranha*), em que o corpo da atriz imanta e é imantado pela câmera do diretor Rogério Sganzerla, com quem já era casada na época da produção do filme[201]. No entanto, a constelação de cenas de "perfurações" do corpo de Helena Ignez mostra uma relação entre esses diretores e sua atriz que resvala no erótico, tamanho é o número não somente de cenas de nudez, mas de momentos em que esse corpo é profanado por objetos externos a ele, transformando esses (vários) momentos em perfeitas cenas de filmes B ou os *exploitation films*.

---

198 Jean-Claude Bernardet, "Cinema Marginal?", *in*: Eugênio Puppo, *Cinema Marginal brasileiro e suas fronteiras: filmes produzidos nos anos de 60 e 70, op. cit.*, p. 15.
199 Nicole Brenez, "Are We the Actors of Our Own Life? Notes on the Experimental Actor", *L'Atalante, op. cit.*, p. 62.
200 Caetano Veloso, *Verdade tropical, op. cit.*
201 Não aludiremos aqui aos fatos diversos que comentam as eventuais relações pessoais entre Helena Ignez e Glauber Rocha e até entre Ignez e Júlio Bressane. As que unem a atriz e Sganzerla, no entanto, recobrem-se de efeitos estéticos na obra de ambos que merece o *détour*.

Há uma cena em *Barão Olavo, o horrível*, em que Ignez literalmente expõe a relação erótica parafílmica na Belair, ao segurar, na frente de sua virilha, o que parece ser um enorme pedaço de carne-seca com um pedaço de vela na frente, figurando/emulando um saco escrotal e um pênis. Ela se levanta da cadeira e sai andando numa caricatura masculina, com as pernas grotescamente separadas, balançando o tórax e os ombros, um verdadeiro "macho latino-americano" robotizado, sempre com a presença letárgica do Barão (Rodolfo Arena), que a tudo assiste sem esboçar qualquer reação. Essa figuração do objeto fálico tem, no filme, uma amplitude semântica dupla: pode ser uma alusão da personagem de Ignez, Isabel, às perversões sexuais do Barão (que é necrófilo) ou também ao clima de total erotismo que rondava essas produções da Belair. Em uma das figurações de exasperação em *Copacabana mon amour*, Ignez grita para o seu irmão (Otoniel Serra), mas também olha para a câmera ao dizer: "São todos uns tarados". Grito intrigante, se pensarmos no corpo de Ignez como um prolongamento do corpo de Sganzerla, um corpo delegado do corpo do realizador para tomar posturas e discursos no espaço do filme. Esse momento funciona, então, como uma representação irônica do híbrido masculino-feminino que comanda as encarnações da atriz

Há uma outra cena de *Barão Olavo* em que Ignez brinca de imitar uma galinha, com o seu cacarejo característico e andar desajeitado, deixando em nós uma impressão bem forte de que a sua personagem seja uma criança, pela profusão de aparições da atriz vestindo saias plissadas estilo uniforme escolar, vestidos com motivos florais exagerados, sapatos fechados com meias ¾, entre outras: uma desajustada ninfeta. Como isso não fica claro na trama — esse laconismo é característico dos filmes de Júlio Bressane —, a visão de uma mulher adulta agindo como criança deixa uma impressão de extremo distanciamento brechtiano, criando um hiato figural entre atriz e personagem. Outra questão importante a se destacar é que adultos atuando em papéis infantis não é uma novidade em cinemas experimentais, sendo que P. Adams Sitney dá a essas aparições uma análise que se concentra em rituais de passagem e, ao mesmo tempo, "suas mímicas satíricas de seus pais refletem o mundo adulto. [...], o uso de adultos para atuar em papéis de crianças não é somente irônico; ele recria a superposição do passado e da infância sobre o adulto"[202].

Barão Olavo, o horrível.

---
202 P. Adams Sitney, *Visionary Film: The American Avant-Garde, op. cit.*, p. 63.

As duas figurações marcadamente infantis de Ignez revelam uma característica intrigante: são feitas numa postura e uso do corpo imitando um ser robotizado, com as pernas e braços como se fossem engrenagens (pistão, mola, engate) de uma máquina, uma figurando o "macho" caricato, outra uma galinha desajeitada. Tal figuração nos coloca o problema da intertextualidade existente entre o jogo de Helena Ignez e os preceitos de jogo antinaturalista do russo Vsevolod E. Meyerhold.

O treinamento teorizado e colocado em prática por Meyerhold, a biomecânica, prega a formação do ator nas mais vastas disciplinas das artes do corpo e da cena (malabarismo, ginástica circense, teatro de feira, de variedade, balé clássico e moderno). O sistema de Meyerhold, partindo da relação rompida com o papa do naturalismo, Stanislavski, propôs novos caminhos para encarar a atuação na Rússia no início do século XX e contaminou diretores teatrais e até realizadores cinematográficos europeus e mundiais. Menos nos métodos de preparação e mais nas práticas e resultados de atuação, o jogo de Helena Ignez pode ser considerado meyerholdiano em diversas instâncias.

Com seus gestos-códigos e seu teatro de instantes pregnantes, segundo Gotthold Lessing, o trabalho do ator formado por Meyerhold surge como uma hipérbole distanciada, e às vezes desajeitada, não realista; uma estilização cuja concentração focaliza uma atitude isolada em partes do corpo que servem como pivô para a consecução do gesto, levando o jogo do ator para a ambiência do autômato, de um corpo mecânico: pernas, braços, mãos, punhos, virilha, quadril[203]. O ator se torna, então, uma espécie de montador construtivista — no sentido cinematográfico do termo —, sujeito que coleta "pedaços do seu jogo e do seu corpo", unindo-os num estilo cinético, feito em solavancos e de maneira exteriorizada (o *acting out* destacado anteriormente), retomando as bases do grotesco, "modo constante pelo qual ele arranca o espectador de um plano de percepção que ele mal havia acabado de adivinhar, levando-o para outro que ele não esperava", retranscreve Picon-Vallin[204]

---
203 Patrice Pavis, "Problèmes d'une sémiologie du geste théâtral", in: *Vers une théorie de la pratique théâtrale: voix et images de la scène 3*, op. cit.
204 Béatrice Picon-Vallin, *A arte do teatro: entre tradição e vanguarda. Meyerhold e a cena contemporânea*, op. cit., p. 35.

de texto escrito por Meyerhold em 1911. Do mesmo modo, nos lembra Bonfitto, que Meyerhold reconhece

> no grotesco, a possibilidade de dar uma unidade às suas pesquisas, de ser um denominador comum resultante da observação e do estudo de diferentes formas teatrais. O grotesco enquanto revelador de estruturas profundas da realidade a partir da utilização de contrastes: cômico e trágico... Mas o grotesco também enquanto definição de um tipo de ator, um ator sintético — capaz de interpretar e passar facilmente pelos dois registros (trágico e cômico), além de ter domínio de seu aparato biológico e de diferentes habilidades[205].

O grotesco meyerholdiano, que a princípio nada tem a ver com a caricatura primitiva e o exagero fácil[206], aproxima-se grandemente do processo de *desfamiliarização*, já presente no pensamento dos formalistas russos do início do século — Viktor Chklovski em cabeça de fila. A desfamiliarização era um processo político de apropriação da realidade concreta que visava retirar, na expressão artística, objetos, corpos, ações e situações do reconhecimento fácil da nossa experiência com o mundo. A ideia de distanciamento brechtiano, tão caro à prática artística de Ignez, insere-se na mesma linhagem do conceito da desfamiliarização, juntando assim pontas similares de processos equidistantes de tentativa de singularização da prática artística literária e teatral.

Para Picon-Vallin, o grotesco era um traço importante do teatro meyerholdiano, "o inacabamento em busca da perfeição formal", a obra sempre em processo, que "não suporta o definitivo" nem a "estética sublimante realista"[207]. Helena Ignez, em seu processo de atuação, preza por esse estágio em que a atuação nunca parece totalmente pronta, o personagem nunca totalmente desenhado psicologicamente nem as ações visando a um fim predefinido. O aspecto de "ensaio" de diversos momentos da carreira de Ignez — como se pode observar, por exemplo, no plano de *Cuidado, madame,* já analisado — dão conta disso. Do mesmo modo, as falas

---
205 Matteo Bonfitto, *O ator-compositor*, São Paulo: Perspectiva, 2002, p. 42.
206 Béatrice Picon-Vallin, *Meierhold*, São Paulo: Perspectiva, 2013, p. 172.
207 *Ibidem*, pp. 25-6 e 129.

repetidas da atriz parecem não se importar com a procura do tom certo, da cadência especial ou da sonoridade almejada, como numa desconstrução do processo de ensaios que faz parte da prática de todo ator em contato com seu texto.

Nisso, os atores do Cinema Marginal se ligam à experiência tardia dos atores glauberianos, principalmente em *A idade da Terra* (1980), em que vemos Tarcísio Meira, Danuza Leão e Ana Maria Magalhães repetirem frases infinitas vezes; a consumação desse processo de ensaio nunca chega a bom termo e a prática da repetição acaba valendo como elemento textual independente, de processo a produto. Do mesmo modo, a voz vazada de Glauber Rocha dirigindo uma cena no mesmo filme com Danuza, Geraldo del Rey e Maurício do Valle, em que o cineasta vocifera: "Fala mais alto, Danuza", "Repete mais alto, Geraldo" ou "Grita dez tons mais alto: eu quero o poder". Vemos ali atuações processuais, de natureza não acabada, pois atestam a presença de um "ato em execução", em detrimento de uma ação roteirizada e pré-moldada. Na obra de Sganzerla, o plano da equipe no espelho em *Sem essa, Aranha* torna-se a vertente muda de tal exposição dos meandros da criação artística. Esses procedimentos revelam o tom de imediatismo do trabalho de atores, gerando o registro de um hiato quase inexistente entre prática artística e resultado.

Barão Olavo, o horrível é o grande filme da Helena Ignez meyerholdiana. Além da referência ao macho e dos gestos repetidos com o rosto e no ato de se matar, noutro momento, sem qualquer explicação diegética, a jovem interpretada pela atriz levanta-se de uma mesa e sai andando com os braços levantados e cotovelo rente ao corpo, balançando ligeiramente para os lados em movimentos sincopados, emitindo um som gutural, tal qual uma boneca eletrônica desregulada. O modelo da marionete, retomado por Gordon Craig e Kleist, era também a busca do ator meyerholdiano. Emulava-se uma boneca ou marionete por ser esse objeto capaz de emitir movimentos precisos por sua total inconsciência corporal, lógica para a qual Helena Ignez transporta seu corpo nesses momentos. Esse gestual resume o que Jacó Guinsburg chama de "histrionismo mecânico" para definir o estilo do ator meyerholdiano formado na biomecânica, em contraponto à "interpretação sensível"[208]. O histrionismo

---

[208] Jacó Guinsburg, *Stanislávski, Meierhold & Cia.*, São Paulo: Perspectiva, 2001, p. 97.

mecânico é aquele mesmo que estava presente na estética chapliniana e fazia o burlesco dos anos 1910 configurar uma divergência importante a partir da adoção da atuação naturalizada ou orgânica dos atores griffitianos, ainda que muitos deles continuassem histriônicos — veja, por exemplo, os arroubos emocionais de Lilian Gish em *Lírio partido*. Esse histrionismo mecânico era componente do programa gestual dos atores de Kulechov (a profusão de rostos e corpos-máquina em *As extraordinárias aventuras de Mr. West no país dos bolcheviques*) e Eisenstein (a secretária de *A greve*), que Ignez saberá recuperar anos mais tarde.

△ *A greve*.

△ *As extraordinárias aventuras de Mr. West no país dos bolcheviques.*
▽

△ *As extraordinárias aventuras de Mr. West no país dos bolcheviques.*

A supremacia do mecanicismo é o que liga tanto o jogo burlesco de Carlitos e o jogo exteriorizado soviético com o jogo do ator moderno da Belair, destruindo a sacrossanta ligação entre interior e exterior do corpo atoral. O gesto não é mais uma mera tentativa de expressar no mundo visível e material (a ação) aquilo que é da ordem do abstrato e do sensível (o sentimento). O corpo do ator se torna então um envelope, uma casca, sem interioridade a princípio perceptível por debaixo dele, de onde parte a transmissão do sentimento, da emoção ou da psicologia do personagem — retoma-se aqui algo do desregramento entre interior e exterior do corpo do ator, já discutido na parte do corpo-continente que não consegue conter seu conteúdo. Na estética meyerholdiana que Ignez retoma, primeiro o exterior; depois o interior — se não houver interior, pois pode se tratar de um corpo sem alma, como nos lembra

Jacques Aumont ao analisar a investigação de Ingmar Bergman do rosto-máscara de Bibi Andersson e Liv Ullmann em *Persona* (1966)[209]. Seguindo esse ensinamento meyerholdiano, Eisenstein usa a fisiognomia como elemento de comparação comportamental entre animais (raposa, macaco, coruja) e os espiões recrutados pelos patrões para desmantelar a greve de trabalhadores no filme *A greve*, de 1925. O acesso a qualquer psicologia dos personagens só se dará num segundo momento, quando a montagem já terá cuidado de criar analogias entre a aparência dos homens e dos bichos: um homem dos olhos grandes como uma coruja é esperto; um homem que se parece com um buldogue é forte e agressivo, e assim por diante.

A busca por um jogo exteriorizado que alicerça a biomecânica consagra a ruptura da lógica tradicional de atuação: do sentir ao expressar, ou seja, interior a exterior, que Helena Ignez observou durante toda sua trajetória atoral. O gesto perseguido com destreza mecânica, repetido infinitas vezes como só uma máquina poderia fazê-lo, ostensivamente convencionalizado[210], é um elemento que aproxima a estética dos dois "atores-criadores de formas plásticas no espaço"[211]: Ignez e Meyerhold.

Essa ruptura com a lógica de expressão interior em favor da exterior não bloqueia, pois, totalmente a percepção psicológica do ator, mas abre espaço para outros conceitos, como a reflexologia soviética pavloviana, o que desloca o problema do abstrato psicologismo para o concreto e material, a fisiologia humana. "A reflexologia não conhece divisões em atos fisiológicos e psíquicos, cada momento do comportamento humano é ditado por um conjunto de excitações internas e externas que suscitam reflexos naturais ou aprendidos"[212]. Esse todo emocional — e disruptivo — empregado pelo ator meyerholdiano sobreviveu nas figurações atorais de Helena Ignez na Belair, uma forma de criar ecos com "atores-poetas"[213] de outros tempos, ambos marcados por uma ligação intrínseca entre arte, vida e trabalho.

---

209 "*Persona* é uma história de máscara, sem alma por detrás onde a verdade viria se deter" (Jacques Aumont, *Du visage au cinéma*, op. cit., p. 11).
210 Para Meyerhold, a noção de "convenção" não engloba aquela mais comumente associada ao termo "tradicional" ou "clássico"; ao contrário, o teatro de convenção reivindicado pelo russo é justamente o oposto do teatro naturalista.
211 Béatrice Picon-Vallin, *A arte do teatro: entre tradição e vanguarda. Meyerhold e a cena contemporânea*, op. cit., p. 47.
212 Idem, *Meierhold*, op. cit., p. 131.
213 Idem, *A arte do teatro: entre tradição e vanguarda. Meyerhold e a cena contemporânea*, op. cit., p. 25.

Considerações finais

Outras Helenas

O fato de ter trabalhado e estudado com vários diretores e compartilhado o palco com vários atores e atrizes renomados, já nos primeiros anos de seu trabalho no teatro, deu a Ignez o escopo necessário para empreender passos mais ousados na carreira teatral e cinematográfica. Do teatro, principalmente da formação eclética que recebera na Escola de Teatro da Universidade Federal da Bahia na última metade dos anos 1950, Helena Ignez trouxe a preparação meticulosa dos espetáculos, os exaustivos ensaios que eram, ao mesmo tempo, espaço de preparação e ambiente de estudos, as longas turnês e o papel primordial da concentração, do preparo do corpo e da disciplina com o trabalho, que ela levou para o resto da sua vida artística.

Na sua carreira cinematográfica, fora do circuito Cinema Marginal/Belair Filmes, Helena Ignez promoveu premonições ou reverberações de papéis ou de personagens arquetípicos em outros filmes de sua filmografia mais prematura ou mais recente, que vai de *Pátio* (1959) até *Cara a cara* (1967) e, depois dos anos 1970, até seus trabalhos em *A encarnação do demônio* (José Mojica Marins, 2008), *Hotel Atlântico* (Suzana Amaral, 2009) e *Luz nas trevas — A volta do bandido da luz vermelha* (2010, dirigido pela própria Helena Ignez e Ícaro Martins). Ela empreendeu na sua carreira fora do Cinema Marginal uma plêiade de papéis que comprovam ao mesmo tempo sua inclinação para mulheres liberadas e sensuais, uma busca incessante por novas experiências artísticas e a efetivação de sua formação extremamente heterogênea, materializada em papéis díspares e até contrastantes. Sua filmografia como realizadora, iniciada em 2005, reafirma esses pontos, trazendo, no entanto, novas vertentes plásticas e simbólicas e possibilitando a ela atualizar o espírito Belair e pousar seu olhar sobre novos corpos, delegados e desejados.

A personagem que não só confirma como também reverbera os tipos anárquicos do Cinema Marginal são as que Helena Ignez fez em *Os marginais* (Moises Kendler e Carlos Alberto Prates Correa, 1968), *A grande feira* (Roberto Pires, 1961) e *O assalto ao trem pagador* (Roberto Farias, 1962). Em todos esses filmes, ela foi mulheres sensuais, disponíveis para o amor, com alguma propensão à predação sexual e

△ Helena Ignez e Reginaldo Faria em *Assalto ao trem pagador*.

também à prática do arrivismo social, abusando da aparência como trampolim para casamentos ou relacionamentos lucrativos.

Nesse aspecto, Ignez reforça uma máxima da teoria atoral de que algumas vezes a escolha dos papéis pode também ser um fator de reforço de uma *persona* ligada à atriz: a da mulher vampira, predadora sexual, liberada, cujo discurso cínico (no sentido goffmaniano da palavra[214]) ilude alguns homens próximos a ela. Assim, as personagens e a atriz se retroalimentam, pelo viés da *persona*, numa construção de carreira que transformaria Helena Ignez, então, numa verdadeira e autêntica atriz--autora, a qual conscientemente escolhe seus papéis, reafirmando uma predileção por certos tipos de mulher.

As premissas da *persona* que foram enfatizadas por Patrick McGilligan tematizam e reforçam essas escolhas de papéis, de figurinos, de maquiagem e de todo um programa de jogo que a atriz impõe a esses personagens do início da sua carreira, afetando "de maneiras bastante características seu significado para o público"[215]. Ignez não se opunha a aparecer em revistas e jornais deixando transparecer sempre esse lado sensual, liberado, de mulher "moderna", como afirma a manchete do jornal *Folha de S.Paulo*, de 9 de dezembro de 1968, que dizia "Helena, diabólica vigarista" ou a capa e a fotografia da própria matéria da revista *O Cruzeiro*, de 1969, que enfatizavam escancaradamente "uma certa imagem pública" de Helena Ignez, bela e disponível: a mulher de todos. Nesse sentido, então, suas aparições nos filmes dos anos 1960 dialogam com essa construção imagética fílmica e parafílmica da atriz, fortalecendo uma conexão que se torna consistente entre os estamentos que compõem sua imago: sua identidade real, sua *persona* pública e suas personagens. Tais elementos foram tematizados por Nicole Brenez, para quem a matéria carnal que vemos na tela é, na verdade, um "laboratório experimental da identidade",

---

214 O ator que profere um discurso cínico manipula a convicção de seu público, utilizando-se de meios ardilosos para atingir fins diferentes do esperado, não tendo interesse, portanto, na opinião que o público tem dele ou da situação encenada. Cf. Erving Goffman, *A representação do EU na vida cotidiana*, São Paulo: Vozes, 1985, pp. 25-6.
215 Patrick McGilligan, "Persona: Cagney as Symbol and Image", in: *Cagney: The Actor as Auteur*, San Diego: A. S. Barnes/The Tantivy Press, 1975, p. 180.

colocando numa mesma cápsula corporal elementos tão díspares e híbridos como vida profissional, vida pessoal, escolhas artísticas, imagem (em sentido lato) e suas relações com outros profissionais[216].

Ignez pôde compreender, algum tempo depois do lançamento de *A mulher de todos* e das produções da Belair Filmes, o deslocamento de sentido desses discursos do jornalismo sobre sua carreira e o verdadeiro sentido do termo "mulher de todos", dado por Sganzerla. Ela afirmou que "a mulher de todos" é, na verdade, a mulher de ninguém, dona dos seus desejos, do seu corpo e da sua sexualidade e que então compreendeu a generosidade e maestria de Rogério Sganzerla ao dar ao filme esse nome: por ser de todos, Ângela Carne-e-Osso só pertence a ela mesma, uma mulher livre, distante do sexismo reinante.

Seguindo o programa imagético dessas mulheres sensuais, mas diferentemente de suas atuações no Cinema Marginal e na Belair, Ignez promove nesses filmes um jogo atoral mais submisso aos ditames das personagens, portador de um programa gestual já consagrado no melodrama de fruição fácil, de trejeitos de encenação que seriam lugar-comum nas telenovelas brasileiras na década de 1970 em diante. Talvez tenha sido em *A grande feira*, de Roberto Pires, que ela tenha se utilizado de um jogo um pouco mais classicamente sedimentado, com encenação, postura e jogo que geraram um trabalho eficiente, que dialoga, de maneira bastante clara, com o melodrama industrial que já estava nos seus últimos suspiros em Hollywood, mas não só isso.

Em *A grande feira*, Ignez faz o papel de Ely, jovem bonita e inteligente, casada com um advogado bem-sucedido, mas que é infeliz no amor. Sua maior diversão são as saídas noturnas com duas outras amigas, fúteis e hedonistas, para cabarés de frequência duvidosa na "caliente" noite de Salvador. Numa dessas noites, encontra o marinheiro Ronny, jovem bonito, por quem se apaixona. Perdida de amor e presa a um casamento de mentira, Ely pede o divórcio ao marido numa cena em que Ignez segue o protocolo mais clássico do melodrama convencional, promovendo

---

216 Nicole Brenez, "Are We the Actors of Our Own Life? Notes on the Experimental Actor", *L'Atalante, op. cit.*, p. 62.

uma "confissão" da sua infelicidade, numa encenação oferecida ao olhar da câmera/ público, evitando, no entanto, o olhar direto, digna de Lana Turner, no melodrama consagrado *Imitação da vida* (Douglas Sirk, 1959) — nesse filme, tal "confissão ao público" se dá no momento em que a atriz Lora Meredith decide, como num *coup de théâtre*, abrir mão do homem que ama e por quem a filha está apaixonada.

Ao se "virarem em direção à câmera" e deixarem, por alguns instantes, de dialogar com as outras personagens (o marido de Ely e a filha da atriz Lora Meredith) para promoverem uma interação com a câmera-público, Ignez e Turner retomam um programa atoral de origem teatral: ou aparte ou a quebra da quarta parede sendo o movimento de compartilhamento, junto ao público, das angústias das personagens. A encenação para a câmera não deixa de ter um certo grau de obviedade histriônica, de uma postura que poderia ser taxada de previsível, já que confissões dessa natureza poderiam ser feitas de outras mil maneiras, sobretudo por se tratar de filmes com registro mais "realista", longe de experimentações que poderiam travar a comunicação com o grande público. O arcabouço de possibilidades é grande.

△ *A grande feira.*

△ Lana Turner em *Imitação da vida*.

Ignez e Turner preferiram não encarar seus interlocutores e, seguindo os trâmites da encenação clássica teatral, transferiram para um público virtual seus dramas pessoais. Essa transferência tomou uma outra conformação, quando Ignez usou o espelho e, consequentemente, um sobre-enquadramento para interpelar o público em *A grande feira*.

O uso do espelho como tábua de confissões, de exposições do interior da personagem ou como suporte de uma simbiose do(a) ator/atriz pode se tornar um gesto pleno de camadas de significação para a teoria do jogo do ator, já que seus usos, programas e princípios são múltiplos e polissêmicos. Em *A grande feira*, Ignez procura mostrar pelo espelho seu drama pessoal, mas o que vemos é, segundo os ditames clássicos do jogo do ator, a imagem de uma exterioridade, uma casca. Se quiséssemos compreender quem é essa pessoa chamada Ely, teríamos que ter acesso a mais signos exteriores para ascendermos à sua interioridade. Na cena do espelho, há algumas questões importantes que ela propõe: a) a atriz "mostra" o espelho; b) a atriz usa o espelho como suporte e reflexo da própria imagem; c) a atriz usa o espelho para olhar para o público.

△ *A grande feira.*

A primeira questão aqui — a atriz "mostra" o espelho ao público — possui uma raiz no cinema de montagem de Eisenstein e em outras correntes experimentais na história do cinema. Em *O encouraçado Potemkin* (1925), Eisenstein nos afronta com uma imagem e com um espelho, problematizando a própria imagem do filme, colocando-a na frente de um espelho para averiguação: será ela real? De que matéria é feita? E tantas outras questões daí decorrentes. Em *A grande feira*, seriam essas as perguntas também feitas por Ely, que, ao mostrar o espelho, estaria tentando nos passar suas angústias? Em *Little Stabs at Happines* (Ken Jacobs, 1959-63), o ator Jack Smith "se mostra" e ao mesmo tempo mostra a imagem do espelho para o público, provocando assim as mesmas reações e inquietações desses filmes: devo acreditar no que vejo? Devo acreditar naquele(a) que vejo?[217]

---

217 P. Adams Sitney, *Visionary Film: The American Avant-Garde*, op. cit., p. 339.

A segunda questão que a cena nos propõe — ela usa o espelho como suporte e reflexo da própria imagem — é um jogo de espelhos que nos carrega para uma representação em abismo[218]: vejo a imagem de Ignez e uma imagem da imagem de Ignez, encenação que coloca obstáculos ou reflexos intermediários entre o público e a diegese. Se é somente casca, exterior, o personagem no espelho deixa ver primeiramente sua imagem-enigma, um afloramento da dúvida: o que ela mostra é verdade? Epstein já nos alertava que "os espelhos são testemunhas sem penetração e infiéis (eles invertem nosso zigomorfismo, que tem lugar importante na expressão)"[219], isto é, mentem mais do que expõem a verdade[220]. O espelho aqui já não ajuda a compreensão da imagem, mas traz obstáculos, pois se torna intermediário entre espetáculo e espectador, alegoricamente afirmando ser mentira tudo o que vemos no cinema: intrincado jogo de reflexos ou de alternativas.

A terceira e última questão — a atriz usa o espelho para olhar para o público — é uma descarada confissão (culpa?) e exposição de sua figura na tela que pode revelar uma oferta de sua outra face ao escrutínio escopofílico, face oculta, linha aberta para as ambiguidades dessa personagem da qual temos, segundo afirmou Pavis, somente traços frágeis, obscuros pontos de apoio para saber a sua verdade. Sugestiva é a expressão facial de Ignez nessa cena do espelho: rosto ao mesmo tempo impassível e com um sorriso estilo Gioconda, quase imperceptível, reforçando a ambiguidade como moeda de troca dessa sequência de *A grande feira*.

Não são apenas as *femmes fatales*, algumas de viés melodramático, que Ignez personifica nesses filmes fora do Cinema Marginal. Há também personagens que se contrapõem em algum momento aos estereótipos de mulheres "modernas" e liberadas: há as

---

218 Outros nomes para narração em abismo são: metáfora especular, espelho interior da narração, enunciado incrustado, texto espelho, narração metadiegética. Cf. Christine Dubois, "L'Image 'abimée'", *Images re-vues: histoire, anthropologie et théorie de l'art*, Paris: 2006, document 8, n. 2, p. 2.
219 Jean Epstein, "Photogénie de l'impondérable", in: *Écrits sur le cinéma — Tome I*, Paris: Seghers, 1974, p. 253.
220 Douglas Sirk se interessou fortemente pelo uso de espelhos na *mise-en-scène* de seus filmes, de preferência porque espelhos, dizia ele, "produzem uma imagem que parece representar a pessoa olhando-se no espelho quando, de fato, o que eles veem é seu exato oposto". Cf. John Mercer e Martin Shingler, *Melodrama: Genre, Style, Sensibility*, Londres/Nova York: Wallflower, 2004, p. 111.

recatadas, as inocentes, as vítimas usurpadas e, algumas vezes, como em *Os marginais* e *O grito da terra* (Olney São Paulo, 1964), mulheres que se identificam com personagens mais "campesinas ou de cidades do interior", reforçando uma velha dicotomia presente no melodrama clássico — e num certo ideário de romantismo que ultrapassa o cinema — de que muito do que pertence à cidade, ao mundo urbano, é corrupto e promíscuo. Nessa linha de mulheres vítimas de um cruel mundo masculino e de valores sempre massacrantes e injustos, a personagem igneziana de maior destaque é a Mariana, de *O padre e a moça*.

Tendo sido comparado a *Diário de um pároco de aldeia* (Robert Bresson, 1951), *O padre e a moça* é uma obra que teve parte de sua gênese nos espetáculos do Teatro de Arena, em São Paulo. Paulo José, o ator que interpreta o padre, é proveniente de seu elenco e, desde 1961, esteve presente em peças de Augusto Boal e Chico de Assis. Toda essa ambiência teatral foi crucial para moldar no filme a interpretação não somente de Paulo José, mas também de Ignez, desde a austera fotografia em preto e branco e as experimentações sonoras até a montagem sofisticada.

Em *O padre e a moça*, o silêncio é significante para a compreensão do mundo interior da personagem Mariana. Esta é entregue aos cuidados de Honorato (Mário Lago) ainda menina, aos dez anos de idade. Ao crescer e se tornar mulher, ela passa de enteada ao papel de amante, fazendo com que Honorato queira se casar com a moça, mesmo não tendo a sua anuência verbal. Calada, submissa, de postura curva, cabisbaixa, Mariana é um arremedo de indivíduo. Profere poucas palavras e, quando o faz, sua voz baixa denota um receio de falar o que não se pediu dela, o que faz com que a moça, na dúvida, se abstenha da palavra na maior parte do tempo. Foi exatamente esse comedimento, essa anemia de movimentos, a estase corporal, que fizeram a personagem de Ignez em *O padre e a moça* ser tão intensa, pois é ela que carrega todo o peso da estagnação econômica, social e da degradação moral de uma cidadezinha perdida no tempo. Esse comedimento é exibido no rosto de Ignez, impassível e sereno, mas de uma serenidade perturbadora, revelando uma angústia muda, solenemente vitimizada.

△ *O padre e a moça.*

Nessas figurações da submissão, do medo da confissão do amor a um homem "proibido", ela chega até a usar o mais clássico dos arcabouços de expressões faciais para figurar o que Charles Aubert chamou de "tormento moral", "revolta", "fúria" ou "resistência ardente e feroz"[221] (ver imagem a seguir). A pantomima de Charles Aubert, decorrente da codificação proposta por François Delsarte, tinha um princípio que, segundo James Naremore, se inspirava fortemente num método gestual semiótico, produzindo movimentos corporais ou expressões faciais que tinham significação marcadamente estrita[222].

Aubert dava uma importância tão grande às expressões faciais que, se somadas às composições mãos + rosto ou corpo + rosto, elas ocupavam mais da metade de todo o "manual" que ele criou e cuja primeira publicação data de 1901. Na expressão que descrevemos aqui, Aubert afirmou que ela seria usada num estado de combatividade extrema, sendo ligada a estados de angústia e sofrimento. Ligar a

---

221 Cf. Charles Aubert, *The Art of Pantomime*, Nova York: Dover Publications, 2003, p. 65.
222 Cf. James Naremore, *Acting in the Cinema*, op. cit., pp. 57-61.

△ Paulo José e Helena Ignez em *O padre e a moça*.

expressão facial de Ignez aos primados de Aubert pode parecer simplista, se nos atentarmos somente ao resultado da expressão como presente na tela, ou seja, para compreendermos a extensão dos estudos de Aubert e sua aplicação no cinema, mais critérios deveriam ser conjugados ao resultado plástico da figura do ator na tela, como assevera Pavis[223]: "finalidade do gesto, tempo e espaço de sua realização, ritmo, caracterização ou ação etc.".

A performance de Ignez em *O padre e a moça* possui uma semelhança sugestiva — e quase contraditória — com outra interpretação, a de *Cara a cara*. No filme de Andrade, Ignez opera num registro que deve ser descrito como um *underacting* de vertente naturalista, sendo que no de Bressane a estase e a ausência de expressões faciais ou corporais são sintomáticas da existência quase vazia de Luciana, moça rica e filha de político corrupto e inclinado a resolver intrigas palacianas com o uso

---

[223] Patrice Pavis, "Problèmes d'une sémiologie du geste théâtral", *in*: *Vers une thèorie de la pratique théâtrale: voix et images de la scène 3*, *op. cit.*, p. 100.

da violência. Luciana passeia pelo filme sem nada ou quase nada nele mudar, sendo que a futilidade de sua vida é um signo de uma classe social decadente.

Após esse profícuo período de trabalhos no teatro e no cinema, nos anos 1960 e início dos anos 1970, Ignez se ausentou do Brasil, se exilando com sua família nos Estados Unidos, ficando longe dos palcos e das telas por quase uma década. Após essa ausência forçada, ela enveredou por doutrinas como o Hare Krishna, nos anos 1980, voltando aos palcos e às telas paulatinamente desde então.

Suas participações no cinema têm sido bastante sucintas, fazendo papéis pequenos em filmes de vários gêneros: comédias em *Ondas* (Ninho Moraes, 1986) e *Perigo negro* (Rogério Sganzerla, 1992); drama em *Hotel Atlântico*; horror com *A encarnação do demônio*; e um papel sob encomenda para seu perfil de referência de atuação para as novas gerações de atrizes, o da guia e modeladora do corpo da atriz portuguesa que busca o jeito de interpretar a Pequena Notável brasileira, personagem ao mesmo tempo duro e terno, uma Pigmaleã em *Tragam-me a cabeça de Carmen M.* (Felipe Bragança, Catarina Wellenstein, 2019). A carreira de Helena Ignez se orientou, sobretudo depois dos anos 2000, para a continuidade da prática teatral e um novo *métier*: o de realizadora cinematográfica.

Helena-realizadora

Embora nunca tenha sido creditada como realizadora nos filmes da Belair, Helena Ignez determinava os rumos da *mise-en-scène* pelo fato de ter um tipo de jogo característico, possuir uma *persona* amplamente solidificada e estabelecer relações de proximidade com os cineastas com quem colaborou. Ela era criadora da forma fílmica dos filmes da Belair, agindo sub-repticiamente para determinar o olhar que os diretores com quem trabalhava portavam sobre ela. A passagem efetiva para a realização se deu tardiamente, em 2005, através de três curtas (*A miss e o dinossauro*, 2005; *Feio, eu?* e *Poder dos afetos*, ambos de 2013) e três longas (*Canção de Baal*, 2007; *Luz nas trevas — A volta do bandido da luz vermelha*, 2010; e *Ralé*, 2016). Como realizadora, segue trabalhando em família, agora também de sangue e não mais apenas afetiva, como na época da Belair. As filhas Sinai e Djin Sganzerla atuam, respectivamente, na produção e como atriz; André Guerreiro Lopes, genro, aparece como ator e diretor de fotografia. No seu entorno, uma "família" de atores, essencialmente de cinema e teatro, que recuperam o espírito de trupe da experiência passada.

Como realizadora, Helena Ignez atualiza o espírito libertário de seus filmes da Belair, ao mesmo tempo que inscreve seu cinema no mundo contemporâneo e em preocupações estéticas e políticas brasileiras da atualidade. Suas imagens são repletas de releituras, citações e retornos ao passado, processo de intertextualidade afirmado desde os tempos da Belair. As preocupações estéticas da Helena-diretora não estão distantes daquelas da atriz, mas retrabalhadas para ressignificarem num mundo diferente daquele que viu nascer os filmes dos anos 1970. O gosto pelos excluídos, pelos comportamentos considerados "desviantes" e excessivos e pelas mulheres fortes e sensuais segue intacto. A Helena diretora propõe, no entanto, um diálogo afirmado com textos teatrais, ausente do espírito Belair, mas condizente com a reflexão e prática de uma atriz que nunca abandonou os palcos. De criadora de signos visuais e simbólicos através do seu corpo, voz e *persona*, Helena Ignez converte-se em acumuladora e difusora de outros signos, dessa vez contando com o corpo de outros atores e ícones da música e do teatro brasileiros.

Ralé se propõe a ser não somente uma releitura do texto original de Máximo Górki, mas inclui preocupações contemporâneas da diretora e sua trupe que envolvem o xamanismo, questões ecológicas e sociais, sem deixar de ser também um mergulho na obra de Ignez e Sganzerla. A dinamitação narrativa dos filmes da Belair cede lugar a uma organização não linear; iconofilia e iconoclastia se mesclam a um processo citacional e reverencial dos filmes do antigo companheiro e de outros cineastas. *Ralé* abre-se com um longo plano de Djin Sganzerla fumando frente à câmera, vestida como uma atriz que se prepara para entrar em cena diante de seu espelho de maquiagem — a metalinguagem é elemento recorrente na carreira da Helena diretora. No fundo, um monitor com a cena do filme *Visage* (Tsai Ming Liang, 2009), em que Laetitia Casta, de quem Djin copia o vestuário, cobre uma janela com uma fita petra. Djin, do seu lado, repete a ação e cobre o espelho no qual vemos sua imagem com a mesma fita preta e espessa. Mais que uma introdução ao filme, a cena serve de citação e comentário. Primeiro, retoma o filme do cineasta malaio, que é um mergulho cinéfilo pela obra do cineasta François Truffaut, assim como *Ralé* faz com a obra de Sganzerla, através da recuperação de imagens de *Copacabana mon amour*. Segundo, impõe à imagem do filme de Ignez a autorreflexividade e o ruído ao forçar o olho da câmera a cair, gradativamente, na obscuridade. A ação de Djin denuncia a câmera ao revelar o aparato de captação da imagem; a posição de frontalidade do corpo da atriz e a repetição (sempre ela!) lenta da mesma ação reforçam esse processo.

Os corpos de Djin e Laetitia atacam objetos metaforicamente ligados às capacidades realistas e psicanalíticas do dispositivo cinematográfico (a janela e o espelho) para lhes tirar sua capacidade de significar plenamente e a possibilidade de se ver através/por dentro deles. O corpo do ator como local de destruição da identificação torna-se vetor da opacidade da imagem fílmica, como vimos o corpo de Helena ser na época Belair. Não por acaso, o cinema realista, aquele defendido por Renoir e Bazin, foi descrito como uma "janela para o mundo", dada a capacidade da imagem cinematográfica de se tornar um duplo do mundo real. Quanto ao espelho, o objeto foi usado pelas leituras psicanalíticas para entender o fenômeno de recepção de um filme (projeção, identificação), assim como por alguns cineastas para falar de atitudes psicologicamente embasadas dos personagens (o reflexo como duplo, o reflexo como negação da identidade). O cinema da opacidade de Ignez e Tsai, o da não identificação cega entre ator-personagem e entre espectador-personagem, são então resumidos por essa cena-ação, colocando-se do lado do cinema autorreflexivo, que joga com a ilusão de realidade e não pretende ser um canto da sereia para o espectador.

Ralé recupera a personagem de Helena Ignez em *Copacabana mon amour*, Sônia Silk, e a representa como um híbrido do corpo da atriz-diretora com o da sua filha, Djin. É notório o processo de projeção de Helena Ignez no corpo/*persona* da filha, atriz e colaboradora de todos os seus filmes. Djin encarna também a namorada do bandido

△ Djin Sganzerla em *Ralé*.
▽

de *Luz nas trevas*, papel de Helena no filme de 1969, refazendo as cenas do filme original dentro do carro conversível e do hotel barato. O discurso fílmico da suposta continuação do filme original transforma o bandido em cineasta em formação, lançando mão de uma câmera para filmar sua companheira. As confluências entre o cineasta (Sganzerla) e o bandido (personagem) tornam-se, portanto, de implícitas, no filme original, a notórias, na sequência. O ator que faz o bandido é o marido de Djin, engavetamento claro de referências à relação amorosa que unia Helena a Sganzerla. Djin não tenta, no entanto, mimetizar o jogo de Helena; seu programa gestual aposta na tranquilidade e ela parece estar menos em ebulição, mas ainda assim sensual e desafiadora.

Numa obra pautada pela vontade de referenciar filmes do passado, *Luz nas trevas — A volta do bandido da luz vermelha* representou ousado projeto ao propor uma continuação ao filme icônico *O bandido da luz vermelha*. Baseado num roteiro de Sganzerla, o filme de Helena é menos uma continuação da trama original que uma retomada de planos, temas, sonoridades e situações do personagem Luz. "Não será tanto a minha vida que contarei, mas a de uma geração inteira, vivemos tudo de uma vez", confessa Luz (Ney Matogrosso), o bandido contemporâneo, preso numa cela de um "presídio infecto cumprindo pena de 300 anos de cadeia". Deslocamento claro de um projeto de biografia pessoal (clássico, identificatório e ilusionista, como fez Hollywood) para a crônica de um momento: momento de cinema, momento de política, momento de engajamentos, no melhor estilo cinema moderno pós-1950.

Na tessitura do filme, imagens e sons do *Bandido* original, com a voz de Helena substituindo por vezes à da narradora radiofônica, marca registrada do filme original. Os tempos se misturam e o discurso fílmico apresenta uma pluralidade nas representações do bandido: Luz (Ney Matogrosso), na cela, ressentido e nostálgico; o bandido Tudo ou Nada (André Guerreiro Lopes), em atividade, atualização do mito da marginalidade; e o filho do bandido original, vivido por Ariclenes Barroso, "filho do homem mais injustiçado nesse país", segundo o texto fílmico, e prestes a retomar

△ Djin Sganzerla e André Guerreiro Lopes em *Luz nas trevas — A volta do bandido da luz vermelha.*
▽

a herança criminosa do pai. Helena está na imagem como Janete Jane, a namorada do bandido nas imagens do filme original, e como Madame Zero, ex-amante do criminoso e "agente intergaláctica". É através da voz dela, *over* e *in*, que o bandido continua sendo descrito com frases de efeito, arremedos de ações e simples instantes de acesso a uma construção psicológica que não se sustenta. O cinema da Helena realizadora é implodido, fragmentado e, ainda, revolucionário, como as participações da Helena atriz nos filmes da Belair.

Um adendo à obra de Sganzerla trazido pela carreira da Helena diretora é o fato de o teatro ocupar espaço privilegiado. Em suas realizações, ela busca se cercar de atores de teatro profissionais, a maioria oriundos de grupos teatrais de São Paulo. Uma organização espacial devedora do palco também se pode notar principalmente em *A canção de Baal*, no qual a diretora se cerca de atores do Teatro Oficina. O grupo de teatro, ligado à contracultura nos anos 1960, é liderado por José Celso Martinez Corrêa e segue em atividade e em constante reinvenção. O Teatro Oficina forneceu outros tipos de atores, mais orgânicos, desenfreados e menos técnicos, para as fases posteriores do Cinema Novo e para o Cinema Marginal que surgia nos anos 1970, em filmes como *Pindorama* (Arnaldo Jabor, 1970), *Gamal, o delírio do sexo* e *Prata Palomares* (André Faria, 1972). O próprio mentor intelectual e artístico do grupo, Zé Celso, aparece com destaque em *Baal* e, principalmente, em *Ralé*.

Nesse último filme, é de Zé Celso uma das sequências mais tocantes e que retoma o espírito inovador da Belair através da representação do abjeto e da escatologia: o velho artista, acometido de incontinência intestinal, se suja e é lavado e enxugado pelo jovem amante, o Barão do texto de Górki, vivido mais uma vez por Ney Matogrosso. Helena, Zé Celso e Ney Matogrosso, velhos lobos revolucionários da contracultura brasileira dos anos 1970, encontram-se no cinema, numa espécie de irmandade artística entre jovens contestadores de mais de 70 anos. Todos parecem capitaneados pela figura tutelar de Bertolt Brecht, outro artista revolucionário, cuja voz abre a versão cinematográfica do seu texto dramático *Baal* (1919), dirigido por Helena Ignez. Num momento em que os artistas brasileiros são a todo tempo questionados e atacados por seus posicionamentos ideológicos, o áudio que abre o filme, do dramaturgo alemão se defendendo perante o Comitê de Atividades Antiamericanas — em que era acusado de conspirador e defensor do comunismo — soa como altamente simbólico e atual, e reflete a situação da atriz, que causou incômodo por estar sempre à frente do seu tempo, revolucionando pela forma de seu jogo e pela expressão de sua sensualidade e desejos. A própria figura de Baal, irreverente e de energia sexual transbordante e multifacetada, pode ser entendida como parente próximo das personagens de Helena nos filmes da Belair, a devoradora de homens, mulheres e famílias tradicionais.

A imagem que encerra o curta *A miss e o dinossauro* resume o programa estético da Helena-diretora, ou seja, a passagem do "polo olhado e desejado" para o "polo desejante", o que comanda o olhar. O filme foi feito em 2005, somente um ano após a morte de Sganzerla, companheiro de vida e de criação de Helena. Depois de contar a história da Belair, à maneira de um documentário em *found footage*, Helena impõe um tempo de flutuação à narrativa documental para olhar e reverenciar o corpo e a memória do marido. Na mesma lógica de uso da imagem fílmica para criar momentos de intimidade entre dois amantes, ela transforma o corpo de Sganzerla na superfície sobre a qual converge um misto de saudade, dor e paixão. Nas últimas imagens do filme, rodadas em Super-8 nos anos Belair, vemos Rogério filmando Helena em atitudes cotidianas (escovando os dentes, lendo jornal). Em seguida, o casal em meio a um grupo de amigos, ensaiando claramente uma doce dança do acasalamento, como presenciamos tantas entre os dois em imagens fílmicas que pareciam filmes de família. Num efeito de montagem, Helena desaparece da imagem e vemos apenas Rogério, num *close*, olhar para a câmera, dizer algo com os lábios que não ouvimos — a imagem é em Super-8 — e abrir um largo sorriso. A banda sonora nesse momento é dominada pela voz de João Gilberto entoando a canção *Valsa da despedida*: "ninguém pode afastar o meu coração do teu/No céu, na terra, onde for, viverá o nosso amor".

△ *A miss e o dinossauro.*
▽

Se Helena passou para o outro lado da câmera, assumindo o local da instância narrativa, do polo desejante, a imagem pode ser entendida como uma declaração de amor lamentosa e impregnada de afetos. No melhor espírito godardiano, que usava frases de canções para elogiar suas atrizes-esposas — veja, por exemplo, o início de *Uma mulher é uma mulher* —, Helena deixa sua homenagem em forma de testamento ao companheiro de vida e obra, figura que ainda sobrevive abertamente nas falas da atriz-diretora e nas entrelinhas do seu discurso. Helena consegue chegar num lugar masculino por excelência e onde poucas mulheres conseguiram: o de mestra do seu discurso e de seu desejo.

Referências

Referências bibliográficas

A

ABIRACHED, Robert. *La Crise du personnage dans le théâtre moderne*. Paris: Gallimard, 1994.

ABREU, Nuno Cesar. *Boca do lixo: cinema e classes populares*. Campinas: Unicamp, 2006.

ADRIANO, Carlos; VOROBOW, Bernardo. *Cinepoética*. São Paulo: Massao Ohno, 1995.

AGAMBEN, Giorgio. "Notes sur le geste". *Trafic: Révue de Cinéma*. Paris: 1991, ano 1, n. 1, pp. 31-6. Disponível em: <http://lemagazine.jeudepaume.org/2013/04/giorgio-agamben-notes-sur-le-geste/>. Acesso em: abr. 2020.

ALBERA, François. *L'Avant-garde au cinéma*. Paris: Armand Colin, 2005.

ALENCAR, Miriam. "As promessas do tédio e da coragem". In: CANUTO, Roberta (org.). *Rogério Sganzerla: encontros*. Rio de Janeiro: Beco do Azougue, 2007.

AMIEL, Vincent. "Comment le corps vient aux hommes? Jeux de l'acteur américain". In: *Conférences de la Cinémathèque Française*. Paris: 2008. Disponível em: <https://www.cinematheque.fr/video/116.html>. Acesso em: abr. 2020.

___. et al. (orgs.). *Dictionnaire critique de l'acteur: théâtre et cinéma*. Rennes: Presses Universitaires de Rennes, 2012.

ANDRADE, João Batista. Gamal: a emoção e a negação (O Cinema Marginal e eu). In: CAETANO, Maria do Rosário. *Alguma solidão e muitas histórias: a trajetória de um cineasta brasileiro, ou, João Batista de Andrade: um cineasta em busca da urgência e da reflexão*. São Paulo: Imprensa Oficial do Estado de São Paulo, 2004.

ARTAUD, Antonin. À propos du cinéma. In: *Oeuvres complètes (Tome III)*. Paris: Gallimard, 1978.

ARTAUD, Antonin. *Eu, Antonin Artaud*. Lisboa: Hiena Editora, 1988.

___. *Linguagem e vida*. Trad. Jacó Guinsburg, Silvia Fernandes Telesi e Antonio Mercado Neto. São Paulo: Perspectiva, 1995.

___. *O teatro e seu duplo*. Lisboa: Fenda Edições, 1996.

ASLAN, Odete. *O ator no século XX: evolução da técnica/ problema da ética*. São Paulo: Perspectiva, 1994.

AUBERT, Charles. *L'Art mimique; suivi d'un Traité de la Pantomime et du Ballet*. Paris: E. Meuriot, 1910. Coleção Estudos.

___. *The Art of Pantomime*. Nova York: Dover Publications, 2003.

AUMONT, Jacques. *Du visage au cinéma*. Paris: Éditions de l'Étoile/Cahiers du Cinéma, 1992.

___. *Moderne? Comment le cinéma est devenu le plus singulier des arts*. Paris: Cahiers du Cinéma, 2007.

AVELLAR, José Carlos. "Vozes do medo". In: *Cinema dilacerado*. Rio de Janeiro: Alhambra, 1986.

B

BARTHES, Roland. "Introduction à l'analyse structurale des récits". *Communications 8: Recherches sémiologiques: l'analyse structurale du récit*. Paris: 1966, n. 8, pp. 1-27. Disponível em: <https://www.persee.fr/doc/comm 0588-8018 1966 num 8 1 1113>. Acesso em: abr. 2020.

___. *Image, Music, Text*. Londres: Fontana Press, 1977.

___. *Mitologias*. Rio de Janeiro: Bertrand Brasil, 2001.

BAX, Dominique (org.). *Glauber Rocha: anthologie du cinéma brésilien des années 60 aux années 80, Nelson Rodrigues*. Bobigny: Collection Magic Cinéma, 2005.

BAZIN, André. "Comment peut-on être hitchcocko-hawksien". *Cahiers du Cinéma*. Paris: fev. 1955, n. 44, pp. 17-8.

____. "Pintura e cinema". In: *O que é o cinema?*. São Paulo: Cosac Naify, 2014.

BERG, Stephen. Helena Ignez: portrait. In: 20º Festival International de Films de Fribourg, 2006, Fribourg. *Catálogo*.

BERGALA, Alain. "De l'impureté ontologique des créatures de cinéma". *Trafic n. 50: Qu'est-ce que le cinéma?*. Paris: POL, 2004.

____. *Monika de Ingmar Bergman*. Paris: Yellow Now, 2005.

____. *Godard au travail*. Paris: Cahiers du Cinéma/Étoile, 2006.

BERNARD, Michel. "Quelquer réflexions sur le jeu de l'acteur contemporain". *Bulletin de Psychologie*. Paris: 1985, n. 370, tome XXXVIII, pp. 421-4.

BERNARDET, Jean-Claude. *O vôo dos anjos: Bressane, Sganzerla. Estudos sobre a criação cinematográfica*. São Paulo: Brasiliense, 1991.

____. "Cinema Marginal?". In: PUPPO, Eugênio. *Cinema Marginal brasileiro e suas fronteiras: filmes produzidos nos anos de 60 e 70*. São Paulo: Centro Cultural Banco do Brasil/Heco Produções, 2004.

BERNARDINO, Vanderlei. *O ator de teatro de Arena no Cinema Novo*. 94f. Dissertação (Mestrado em meios e processos audiovisuais) — Universidade de São Paulo. São Paulo: 2013.

BLANCHOT, Maurice. *L'Espace littéraire*. Paris: Gallimard, 2007.

BONFITTO, Matteo. *O ator-compositor*. São Paulo: Perspectiva, 2002.

BOURGET, Jean-Loup. *Hollywood, la norme et la marge*. Paris: Armand Collin, 2005.

BRAIT, Beth. *A personagem*. São Paulo: Ática, 1985.

BRENEZ, Nicole. "La Nuit Ouverte: Cassavetes, l'invention de l'acteur". In: *Conférences du Collège d'Art Cinématographique nº 3: Le Théâtre dans le cinéma*. Paris: Cinémathèque Française, 1992-3.

____. *De la figure en général e du corps en particulier: l'invention figurative au cinéma*. Louvain-la-Neuve: De Boeck, 1998.

____. *Cinémas d'avant-garde*. Paris: Cahiers du Cinéma/Les Petits Cahiers/Scérén-CNDP, 2006.

____. "Are We the Actors of Our Own Life? Notes on the Experimental Actor". *L'Atalante*. Valência: 2015, n. 19, pp. 59-66.

BRESSON, Robert. *Notes sur le cinématographe*. Paris: Gallimard, 2006.

BURCH, Noel. *Práxis do cinema*. São Paulo: Perspectiva, 1992. Coleção Debates.

C

CAMPOS, Augusto de (org.). *Balanço da bossa e outras bossas*. São Paulo: Perspectiva, 1974.

CANEVACCI, Massimo. *Antropologia do cinema*. São Paulo: Brasiliense, 1984.

CANUTO, Roberta (org.). *Rogério Sganzerla: encontros*. Rio de Janeiro: Beco do Azougue, 2007.

COELHO, Teixeira. *Antonin Artaud*. São Paulo: Brasiliense, 1982.

CORTADE, Ludovic. *Le Cinéma de l'immobilité*. Paris: Publications de la Sorbonne, 2008.

D

DAMOUR, Christophe. *Al Pacino: le dernier tragédien*. Paris: Scope, 2009.

____. (org.). *Jeu d'acteurs: corps et gestes au cinéma*. Estrasburgo: Presses Universitaires de Strasbourg, 2016.

DEL PICCHIA, Pedro; MURANO, Virginia. "Entrevista a Glauber Rocha". *In*: *Glauber, o Leão de Veneza*. São Paulo: Escrita, [s/d].

DIAS, Rosângela de Oliveira. *O mundo como chanchada: cinema e imaginário das classes populares na década de 50*. Rio de Janeiro/São Paulo: Relume Dumará, 1993.

DIXON, Wheeler Winston. "Beyond Characterization: Performance in 1960s Experimental Cinema". *Screening the Past*. Nov. 2010. Disponível em: <http://tlweb.latrobe.edu.au/humanities/screeningthepast/29/performance-in-1960s-experimental-cinema.html>. Acesso em: abr. 2020.

___; FOSTER, Gwendolyn Audrey (orgs.). *Experimental Cinema: The Film Reader*. Londres/Nova York: Routledge, 2002.

DUBOIS, Christine. "L'Image 'abimée'". *Images revues: histoire, anthropologie et théorie de l'art*. Paris: 2006, document 8, n. 2.

DYER, Richard. "Federico Fellini et l'art du casting". *In*: AMIEL, Vincent *et al.* (orgs.). *L'Acteur de cinema: approches plurielles*. Rennes: Presses Universitaires de Rennes, 2007.

E

EPSTEIN, Jean. *Écrits sur le cinéma — Tome I*. Paris: Seghers, 1974.

F

FAVARETTO, Celso. *A invenção de Hélio Oiticica*. São Paulo: Edusp/Fapesp, 2000.

FERREIRA, Jairo. *Cinema de invenção*. São Paulo: Limiar, 2000.

FRANCE, Claudine de. *Cinema e antropologia*. Campinas: Editora da Unicamp, 1998.

G

GARDNIER, Ruy. *Júlio Bressane: trajetória*. São Paulo: Sesc SP, 2003. Catálogo.

___. "A experiência da Belair: exceção ou regra?". *In*: *A invenção do Cinema Marginal*. Rio de Janeiro: Associação Cultura Tela Brasilis/Cinemateca do Museu de Arte Moderna do Rio de Janeiro, 2007.

GOFFMAN, Erving. *A representação do EU na vida cotidiana*. São Paulo: Vozes, 1985.

GUIMARÃES, Pedro Maciel. Helena Ignez: ator-autor entre a histeria e a pose, o satélite e a sedução. *In*: VII Congresso da Abrace (Associação Brasileira de Pesquisa e Pós-Graduação em Artes Cênicas), 2012, Porto Alegre. *Tempos de memórias: vestígios, ressonâncias e mutações (Anais)*.

___; BESSA, Karla. "Provocações feministas: Alain Bergala diante de Mônica e seus desejos". *Revista Eco Pós*. Rio de Janeiro: 2019, v. 22, n. 1, pp. 100-20. Disponível em: <https://revistas.ufrj.br/index.php/eco_pos/article/view/26389/pdf>. Acesso em: abr. 2020.

GUINSBURG, Jacó. *Stanislávski, Meierhold & Cia*. São Paulo: Perspectiva 2001.

H

HAMBURGER, Esther. *O Brasil antenado: a sociedade na novela*. Rio de Janeiro: Jorge Zahar, 2005.

HARTSHORNE, Charles; WEISS, Paul (orgs.). *The Collected Papers of Charles Sanders Peirce*, v. 1: *Principles of Philosophy*. Cambridge: Harvard University Press, 1931. Collected Papers.

I

IAMPOLSKI, Mikhaïl. "Visage-masque et visage-machine". *In*: FRANÇOIS, Albera (org.). *Autour de Lev Kouléchov: vers une théorie de l'acteur. Actes du Colloque de Lausanne*. Lausanne: L'Âge d'Homme, 1994.

L

LIMA, Luiz Costa. *Mímesis e modernidade: formas das sombras*. Rio de Janeiro: Graal, 1980.

M

MACHADO, Álvaro. "A atriz Helena Ignez conta sua história de amor com o cinema brasileiro". *Trópico*. São Paulo/Rio de Janeiro: dez. 2001-jan. 2002.

MACHADO, Arlindo. *Pré-cinemas & pós-cinemas*. Campinas: Papirus, 1997.

MACHADO JR., Rubens. "A experimentação cinematográfica superoitista no Brasil: espontaneidade e ironia como resistência à modernização conservadora em tempos de ditadura". In: FALCONE, Fernando T.; AMORIM, Lara. *Cinema e memória: o Super-8 na Paraíba nos anos de 1970 e 1980*. João Pessoa: Editora da UFPB, 2013.

MATTOS, A. C. Gomes de. *A outra face de Hollywood: o filme B*. Rio de Janeiro: Rocco, 2003.

MCGILLIGAN, Patrick. "Persona: Cagney as Symbol and Image". In: *Cagney: The Actor as Auteur*. San Diego: A. S. Barnes/The Tantivy Press, 1975.

MEKAS, Jonas. "Notes on the New American Cinema". In: DIXON, Wheeler Winston; FOSTER, Gwendolyn Audrey. *Experimental Cinema: The Film Reader*. Londres: Routledge, 2002.

MERCER, John; SHINGLER, Martin. *Melodrama: Genre, Style, Sensibility*. Londres/Nova York: Wallflower, 2004.

METZ, Christian. *L'Énonciation impersonnelle ou le site du film*. Paris: Méridiens Klincksieck, 1991.

MONTEIRO, Jaislan H. "Cinema em transe: cinema-novistas, marginais e a redefinição da sintaxe cinematográfica". In: BRANCO, Edwar de Alencar C. *História, cinema e outras imagens juvenis*. Teresina: EDUFPI, 2009.

MOULLET, Luc. *Politique des acteurs: Gary Cooper, John Wayne, Cary Grant, James Stewart*. Paris: Cahiers du Cinéma, 1993.

N

NACACHE, Jacqueline. *O ator de cinema*. Lisboa: Texto & Grafia, 2012.

NANDI, Ítala. *Teatro Oficina: onde a arte não dormia*. Rio de Janeiro: Nova Fronteira, 1989.

NAREMORE, James. *Acting in the Cinema*. Los Angeles: University of California Press, 1988.

____. "Film Acting and the Arts of Imitation". *Film Quarterly*. California: 2012, v. 65, n. 4, pp. 34-42.

NOGUEZ, Dominique. *Éloge du cinéma expérimental*. Paris: Éditions Paris Expérimental, 2010.

P

PARENTE, André. *Narrativa e modernidade: os cinemas não-narrativos do pós-guerra*. Campinas: Papirus, 2000. Coleção Campo Imagético.

PAVIS, Patrice. "Le Personnage romanesque, théâtral, filmique". In: *Vers une théorie de la pratique théâtrale: voix et images de la scène*. Lille: Presses Universitaires du Septentrion, 2000, pp. 143-54.

____. "Problèmes d'une sémiologie du geste théâtral". In: *Vers une théorie de la pratique théâtrale: voix et images de la scène 3*. Villeneuve-d'Ascq: Presses Universitaires de Septentrion, 2000.

PEARSON, Roberta E. *Eloquent Gestures: The Transformation of Performance Style in the Griffith Biograph Films*. Berkeley/Los Angeles/Oxford: University of California Press, 1992.

PICON-VALLIN, Béatrice. *A arte do teatro: entre tradição e vanguarda. Meyerhold e a cena contemporânea*. Rio de Janeiro: Teatro do Pequeno Gesto, 2006.

____. *Meierhold*. São Paulo: Perspectiva, 2013.

PLUCHART, François. "Risk as the Practice of Thought". In: BATTCOCK, Gregory; NICKAS, Robert (orgs.). *The Art of Performance: A Critical Anthology*. Nova York: E. P. Dutton, 1984.

PORTE, Alain. *François Delsarte, une anthologie*. Paris: IPMC, 1992.

R

RAMOS, Fernão (org.). *História do cinema brasileiro*. São Paulo: Círculo do Livro, 1987.

____. *Cinema Marginal (1968-1973): a representação em seu limite*. Brasília/São Paulo: Embrafilme/Minc/Brasiliense, 1987.

____. "Bressane com outros olhos". In: VOROBOW, Bernardo; ADRIANO, Carlos. *Julio Bressane: Cinepoética*. São Paulo: Massao Ohno, 1995.

RAMOS, Guiomar. *Um cinema brasileiro antropofágico? (1970-1974)*. São Paulo: Annablume/Fapesp, 2008.

____. "Aspectos performáticos no ator de cinema brasileiro". In: *Atas do II Encontro Anual da AIM*, Lisboa: 2013.

RIMÉ, Bernard. "Communication verbale et non verbale". In: *Grand Dictionnaire de la Psychologie*. Paris: Larousse, 2011.

S

SALLES, Cecília A. *Crítica genética: fundamentos dos estudos genéticos sobre o processo de criação artística*. São Paulo: Educ, 2008.

SALOMÃO, Waly. *Me segura qu'eu vou dar um troço*. São Paulo: Companhia das Letras, 2016.

SASTRE, Vera. "A musa do Cinema Novo está de volta". *Contigo!*. São Paulo: jan. 1998, n. 1.165, pp. 60-1.

SGANZERLA, Rogério; IGNEZ, Helena. "Helena — A mulher de todos — E seu homem". *O Pasquim*. Rio de Janeiro: 1970, n. 33, pp. 5-11.

SITNEY, P. Adams. *Visionary Film: The American Avant-Garde*. Nova York: Oxford University Press, 1979.

SODRÉ, Muniz. *A comunicação do grotesco*. Petrópolis: Vozes, 1980.

____; PAIVA, Raquel. *O império do grotesco*. Rio de Janeiro: Mauad, 2002.

SONTAG, Susan. "Happenings: An Art of Radical Juxtaposition". *Text Revue*. Berlim: 2009, n. 7, pp. 67-73. Disponível em: <http://www.text-revue.net/revue/heft-7/happenings-an-art-of-radical-juxtaposition/text>. Acesso em: abr. 2020.

STAM, Robert. "A mutação pós-estruturalista". In: *Introdução à teoria do cinema*. Campinas: Papirus, 2003.

____; SHOHAT Ella. "Teoria do cinema e espectatorialidade na era do 'pós'". In: RAMOS, Fernão (org.). *Teoria contemporânea do cinema*, v. 1. São Paulo: Senac, 2005.

STRASBERG, Lee. *Um sonho de paixão: o desenvolvimento do método*. Rio de Janeiro: Civilização Brasileira, 1990.

T

TEIXEIRA, Francisco E. *O terceiro olho: ensaios de cinema e vídeo. (Mário Peixoto, Glauber Rocha e Júlio Bressane)*. São Paulo: Perspectiva/Fapesp: 2003.

____. *O cineasta celerado: a arte de se ver fora de si no cinema poético de Júlio Bressane*. São Paulo: Annablume, 2011.

THOMPSON, Kristin. *Breaking the Glass Armor: Neoformalist Film Analysis*. Princeton: Princeton University Press, 1988.

TRUFFAUT, François. "Une Certaine Tendance du Cinéma Français". *Cahiers du Cinéma*. Paris: jan. 1954, n. 31, pp. 15-28.

TYLER, Parker. *Underground Film: A Critical History*. Cambridge: Da Capo Press, 1995.

V

VELOSO, Caetano. *Verdades tropicais*. São Paulo: Companhia das Letras, 1997.

VENTURA, Zuenir. *1968: o ano que não terminou*. Rio de Janeiro: Nova Fronteira, 1988.

VIRMAUX, Alain. *Artaud e o teatro*. São Paulo: Perspectiva, 1990. Coleção Estudos.

VIVIANI, Christian. *Le Magique et le vrai: l'acteur de cinéma, sujet et objet*. Paris: Rouge Profond, 2015.

X

XAVIER, Ismail. "Do golpe militar à abertura: A resposta do cinema de autor". *In*: XAVIER, Ismail; BERNARDET, Jean-Claude; PEREIRA, Miguel. *O desafio do cinema: a política do Estado e a política dos autores*. Rio de Janeiro: Jorge Zahar, 1985.

____. *Alegorias do subdesenvolvimento: Cinema Novo, Tropicalismo, Cinema Marginal*. São Paulo: Brasiliense, 1993.

____. "O Cinema Marginal revisitado, ou o avesso dos anos 90". *In*: PUPPO, Eugênio (org.). *Cinema Marginal brasileiro e suas fronteiras: filmes produzidos nos anos 60 e 70*. São Paulo: Hecco Produções/CCBB, 2004.

____. *O discurso cinematográfico: a opacidade e a transparência*. São Paulo: Paz e Terra, 2005.

____. "Roteiro de Júlio Bressane: apresentação de uma poética". *Alceu*. Rio de Janeiro: jan./ jun. 2006, v. 6, n. 12, pp. 5-26.

____; DUARTE, Cristina. "O avesso do Brasil". *Cinémas d'Amérique Latine*. Toulouse: 2001, n. 9, pp. 74-9.

W

WORTHEN, William. *The Idea of the Actor*. Princeton: Princeton University Press, 1984.

Depoimentos

MAMBERTI, Sérgio. *Depoimento*.
In: videodocumentário *Esther — Uma bailarina*, direção de Manoel Valença, produção da Screen Filme e Vídeo. Disponível em: <https://vimeo.com/90685502>. Acesso em: abr. 2020.

REICHENBACH, Carlos. *Depoimento*. Projeto Ocupação Rogério Sganzerla, 2010. Disponível em: <https://www.youtube.com/watch?v=NswOPsM3D-4>. Acesso em: abr. 2020.

XAVIER, Ismail. *Depoimento*. Projeto Ocupação Rogério Sganzerla, 2010. Disponível em: <http://www.itaucultural.org.br/ocupacao rogerio-sganzerla/radiografia/>. Acesso em: abr. 2020.

Referências das imagens

Capturas de filmes[224]

Assalto ao trem pagador, O
1962, 98 min., P&B. Direção: Roberto Farias.
Produção: Roberto Farias, Herbert Richers e
Arnaldo Zonari. p. 201

Bandido da luz vermelha, O
1968, 92 min., P&B. Direção: Rogério Sganzerla.
Produção: Rogério Sganzerla, José Alberto Reis,
José da Costa Cordeiro. pp. 35, 172

Barão Olavo, o horrível
1970, 70 min., COR. Direção: Júlio Bressane.
Produção: Júlio Bressane, Rogério Sganzerla.
pp. 8, 9, 37, 99, 100, 132, 133, 186, 191

Cão andaluz, Um
Un Chien andalou (título original)
1929, 16 min., P&B. Direção: Luis Buñuel.
Produção: Luis Buñuel. pp. 85

Cara a cara
1967, 80 min., P&B. Direção: Júlio Bressane.
Produção: Júlio Bressane. pp. 38, 230

Carnaval na lama
1970, 90 min., P&B. Direção: Rogério Sganzerla.
Produção: Rogério Sganzerla, Júlio Bressane.
pp. 6, 37

Copacabana mon amour
1970, 85 min., COR. Direção: Rogério Sganzerla.
Produção: Rogério Sganzerla, Júlio Bressane.
pp. 5, 11, 35, 97, 101, 112, 125, 129, 139, 140, 172, 173

---

224 Fontes:
Cinemateca Brasileira (filmes nacionais):
cinemateca.gov.br.
Internet Movie Database (filmes estrangeiros):
imdb.com.

Corridas de automóveis para meninos
Kid Auto Races at Venice (título original)
1914, 11 min., P&B. Direção: Henry Lehrman.
Produção: Keystone Film Company. pp. 152, 153

Cuidado, madame
1970, 70 min., COR. Direção: Júlio Bressane.
Produção: Júlio Bressane, Rogério Sganzerla.
pp. 16, 87, 164, 165, 166, 167, 168, 185, 187, 188

Extraordinárias aventuras de mister West no país dos bolcheviques, As
Neobychainye priklyucheniya mistera
Vesta v strane bolshevikov (título original)
1924, 94 min., P&B. Direção: Lev Kuleshov.
Produção: Goskino1970. pp. 196, 197

Família do barulho, A
1970, 75 min., P&B. Direção: Júlio Bressane.
Produção: Júlio Bressane, Rogério Sganzerla.
pp. 10, 17, 36, 130, 134, 135, 159, 160, 183

Grande feira, A
1961, 94 min., P&B. Direção: Roberto Pires.
Produção: Elio Moreno Lima, Oscar Santana,
Roberto Pires. pp. 15, 204, 206

Greve, A
Stachka (título original)
1925, 82 min., P&B. Direção: Sergei M. Eisenstein.
Produção: Gokino, Proletkult. pp.195

Hitler 3º mundo
1968, 70 min., P&B. Direção: José Agrippino de
Paula. Produção: Danielle Palumbo,
José Agrippino de Paula. pp. 96

Imitação da vida
Imitation of Life (título original)
1959, 125 min., COR. Direção: Douglas Sirk.
Produção: Universal International Pictures. p. 205

Luz nas trevas: A volta do bandido da luz vermelha
2010, 83 min., COR. Direção: Helena Ignez e
Ícaro C. Martins. Produção: Mercúrio Produções. p. 216

Miss e o dinossauro, A
2005, 18 min., COR. Direção: Helena Ignez.
Produção: Ester Fér, Sinai Sganzerla. p. 219

Mônica e o desejo
Sommaren med Monika (título original)
1953, 96 min., P&B. Direção: Ingmar Bergman.
Produção: Svensk Filmindustri. p. 47

Monstros de Babaloo, Os
1970, 98 min., COR. Direção: Elyseu Visconti
Cavalleiro. Produção: Elyseu Visconti Cavalleiro.
pp. 36, 72, 104, 105

Mulher de todos, A
1969, 80 min., P&B. Direção: Rogério Sganzerla.
Produção: Alfredo Palácios, Rogério Sganzerla.
pp. 12, 34, 119, 120, 161, 162, 177, 178

Mulher sob influência, Uma
A Woman Under the Influence (título original)
1974, 155 min., COR. Direção: John Cassavetes.
Produção: Faces. pp. 102, 103, 105, 106

Padre e a moça, O
1966, 93 min., P&B. Direção: Joaquim Pedro de
Andrade. Produção: Joaquim Pedro de Andrade,
Luiz Carlos Barreto. p. 209, 210

Ralé
2015, 73 min., COR. Direção: Helena Ignez.
Produção: Sinai Sganzerla. p. 214

Reflections on Black
1955, 12 min., P&B. Direção: Stan Brakhage. p. 84

Ritual dos sádicos, O (O despertar da besta)
1969, 92 min., COR. Direção: José Mojica Marins.
Produção: José Mojica Marins, Giorgio Attili,
George Michel Serkeis. pp. 116, 117

Sem essa, Aranha
1970, 102 min. COR. Direção: Rogério Sganzerla.
Produção: Rogério Sganzerla, Júlio Bressane.
pp. 7, 14, 39, 79, 124, 149, 150, 151, 155

Stromboli
1950, 107 min., P&B. Direção Roberto Rossellini.
Produção: Berit Films, RKO Pictures. pp. 47, 48

Way to Shadow Garden, The
2020, 10 min., . Direção: Stan Brakhage. p. 85

Foto
Parangolé "Estou possuído" de Hélio Oiticica, P17,
Capa 13, 1967/1968.
Fotógrafo não identificado. p. 137

Todos os esforços foram realizados com o intuito
de obtermos a permissão dos detentores dos
direitos autorais e dos retratados nas imagens que
compõem este livro. Caso recebamos informações
complementares, elas serão devidamente creditadas
na próxima edição.

Agradecimentos

Agradecemos, inicialmente, à Fapesp (Fundação de Amparo à Pesquisa do Estado de São Paulo) e à Capes (Coordenação de Aperfeiçoamento de Pessoal de Nível Superior), que financiaram, em diferentes níveis, as pesquisas que deram origem a este livro; à Pró-Reitoria de Pesquisa e Pós-Graduação da Universidade Estadual de Goiás (UEG), cujo Plano Geral de Capacitação Docente (PGCD) possibilitou ao Sandro de Oliveira afastar-se de suas atividades docentes para fazer seu doutorado; ao Programa de Pós-Graduação em Multimeios da Universidade Estadual de Campinas (Unicamp), por ter acolhido as pesquisas que possibilitaram a gênese deste livro.

Um grande abraço fraterno de agradecimento a Helena Ignez e Júlio Bressane por disponibilizarem imagens usadas neste livro e por serem interlocutores privilegiados de todo o processo de escrita. Agradecimento extensivo a Djin Sganzerla, Sinai Sganzerla, André Lopes Guerreiro, Ludmila Patrício, Rodrigo Lima, Rosa Maria Dias e Aruanã Cavalleiro. Agradecemos também aos detentores de direitos dos filmes utilizados.

Nosso obrigado ao prof. Christophe Damour, editor e parceiro do livro original em francês que está na base desta publicação e aos colegas do laboratório de pesquisa ACCRA (Approches contemporaines de la création et de la recherche artistique) da Universidade de Estrasburgo (França), do qual os autores fazem parte. E também aos/às colegas pesquisadores/as do GEAs — Unicamp (Grupo de Estudos sobre o Ator no Audiovisual).

Agradecemos também aos amigos, amigas e colegas pesquisadores/pesquisadoras que compartilharam nossas reflexões: Marcius Freire, Patrícia Mourão, Ismail Xavier, Karla Bessa, Mateus Araújo, Maria Chiaretti, Eduardo Bordinhon, Mariana Duccini, Luciana Araújo, Luiz Carlos de Oliveira Jr., Fernão Ramos, Rubens Machado e a toda a comunidade acadêmica da Unicamp e da UEG.

Pedro Guimarães
Sandro de Oliveira

Sobre os autores

Pedro Guimarães é professor e pesquisador em Cinema e Audiovisual do Instituto de Artes da Unicamp (Universidade Estadual de Campinas), e doutor pela Universidade Paris 3 – Sorbonne Nouvelle (França). É coordenador do GEAs (Grupo de Pesquisa sobre o Ator no Audiovisual / Unicamp), co-coordenador do Genecine (Grupo de Estudos sobre Gêneros Cinematográficos e Audiovisuais / Unicamp) e membro do laboratório de pesquisas ACCRA (Approches contemporaines de la création et de la recherche artistique) da Universidade de Estrasburgo (França). Autor de artigos nos campos dos estudos atorais, da história e estética do cinema e dos gêneros cinematográficos (melodrama, musical, filme *noir*).

Sandro de Oliveira é graduado em Jornalismo pela Universidade Federal de Goiás (UFG), mestre em Comunicação e Semiótica pela Pontifícia Universidade Católica de São Paulo (PUC-SP) e doutor pelo Programa de Pós-Graduação em Multimeios da Unicamp, com pesquisa na área de atuação experimental no cinema. É professor da Universidade Estadual de Goiás no curso de Cinema e Audiovisual e membro da ACCRA, laboratório de pesquisa em artes e mídias da Universidade de Estrasburgo, França. Participa de grupos de pesquisas do CRIA (Centro de Realização e Investigação no Audiovisual — UEG), sob a coordenação do prof. dr. Rafael de Almeida T. Borges, e no GEAs, coordenado pelo prof. dr. Pedro Guimarães.

Este livro foi composto em
ITC Conduit e Tungsten.
Impresso em papel Alta Alvura 90 g/m²,
pela Hawaii Gráfica e Editora Ltda.
em julho de 2021.

MISTO
Papel produzido a partir
de fontes responsáveis
FSC® C100700
FSC
www.fsc.org